差別のない世の中へ

人は差別せずには生きられない
選べば「排除」、選ばねば「自分を失う」

三浦清一郎 著

日本地域社会研究所

まえがき
「見えにくい差別」、「見えにくい抑圧」

人生を選んで生きようとすれば、「排除」は避けられません。好き嫌いを言えば、分け隔てをしないことは不可能です。選べば排除、選ばねば自分を失います。

要するに、人は差別せずに生きることはできないのです。

本書が、意識的に取り上げたのは、教育や文化の問題です。換言すれば、「見えにくい差別」と「見えにくい抑圧」の問題です。「選択」が「排除」に繋がる問題、「好き嫌い」の問題、男女の共同、「らしさ」の問題、伝統を盾にとって続く差別の問題、過去の文化が創り出した言語表現などが見えにくい差別の原因です。「見える差別」については、すでに関係の法律や研究者が解明している通りです。

見えにくい抑圧の一例は、妻に対する「ご主人」表現です。日常の家族関係の呼び方は符丁の一種であり、些細なことかもしれませんが、筆者は、隣の「ご主人」の前で、隣の「奥さま」を仕方なく「奥様」とお呼びしています。夫は妻の「主人」ではなく、妻が「奥」に居るとは限らないことは明らかなのに、現代は表現が意味を裏切っているのです。会議の司会をした時、「あなたのご主人は……」と言ったことがありました。「夫は妻の主人ではない」と叱られ、言語表現が不適切だということは、本質にかかわることだと言われました。しかし、呼び方の符丁ひとつ変えるのも容易ではないですね。

わが知り合いには、他人の夫を「夫さん」という人がいましたが、「オットセイ」でもあるまいに、あなたの「オットさん」では格好がつかないと感じるのは私だけではないでしょう！

「旦那」か、「大君」か、「お連れ合い」か、「女房どの」か、日本文化は未だ共有できる新しい呼び方を発明するに至っていないので、止むを得ず、未だに「ご主人・奥様」を使っています。

また、女性は不浄という理由で土俵に上げない相撲界は、「伝統」を隠れ蓑にした差別をしています。再び再燃した相撲界の女性差別問題です。

「お相撲さんもお母さんから生まれたのよ」と言った知り合いの女性がいましたが、その通りです！　相撲界は「母を不浄」としているのです。女性有識者を含めた相撲協会関係者のみなさんは何と答えるのでしょうか？

目次

1　人は差別せずには生きられない

人生はつくづく難しいものです。思い通りに生きようとすれば、暮らしのあらゆる場面で、好きか、嫌いか、やるか、やらぬか、右するか、左するか、選ばなければなりません。こだわるのは、「自分らしさ」です。「自分らしさ」とは生きる基準であり、「美しいか」、「美しくないか」、「好きか」、「嫌いか」の判断です。自分らしさにこだわるのは、選ばねば「自分を失う」からです。趣味も職業も、恋人も友人も、選び方一つで、自分の生き方が決まります。

しかし、辛いことに、選ぶことは、同時に「選ばなかった対象」を排除することになります。それゆえ、選択は差別的であることを免れません。意識するとしないとに関わらず、好きも嫌いも生きる欲求は、選ぶ対象を選別します。選んだものは残り、選ばなかったものはわれわれの人生から除外します。それゆえ、選んで生きることは、「排除して生きる」ことと同じになります。選ぶとは、「分け隔て」をすることだからです。好井裕明氏の『排除と差別の社会学』

の説明を読みました。「差別は、決して特別な誰かが特別な誰かに対して起こす限られた社会問題ではない。それは〈わたし〉が生きて在る日常の中でいつでも起こり得る普遍的で普通の現象なのである（＊）」が結論でした。要するに、人は差別せずには生きられないということです。

80年近く生きてきて、人生の浮き沈みを何度も経験しました。明らかに選択を間違えたと思うことも何度かあります。悪い選択は、自分の意に反した悪い結果をもたらします。選択一つで自信が湧くときもあれば、自信を失うときもあります。苦い経験をしたあとは、その選択肢を人生から除外するのです。

苦境に立たされた時、私を離れていく友人が分かります。かくして何人かの友人と別れました。以後、修羅場で私を見限った友人たちとの付き合いを断ち、自分の人生から排除したのです。それ以来、人間関係にずいぶん用心深くなりました。これもまた差別でしょうか？

（＊）好井裕明、排除と差別の社会学、有斐閣、２００９年、p．17

2　選べば「排除」、選ばねば「自分を失う」

「選ぶ」とは、東京都知事の小池百合子氏が「希望の党」を結成した時に失敗した「排除」の論理です。「排除」は、一定基準による選別ですから、政策の一致を当然とする政党の結成においては当然のことです。それゆえ、政党が政策の「選択」をすることは、何の不思議もありませんが、言い方次第で差別に聞こえることになるのです。もちろん、排除される側にとっては間違いなく、「分け隔て」や「被差別感情」が生じるでしょう。

選別は、選別から漏れたものを排除するので、排除は差別に通じていると感じるのです。平等好きな日本人は、小池氏の「排除」発言に一斉に反発しました。「排除」の語感に反発し、東京都議選に圧勝した小池氏の驕りが見えたことに反感を抱いたのです。

世論の反感を察したメディアは、民意を代表して毎日のように、小池氏の発言を叩きました。メディアが毎日叩けば、恐ろしいことですが、さらに世論を沸騰させます。最近では、「炎上」という過激な言葉まで出てきました。これまでも、失言で失脚した政治家の大部分が、メディアに批判されて、世論に切られたのと同じ現象です。

選挙における「希望の党」の敗北は、小池氏が放った「排除」の一言で決まったのです。「排除」と言えば、「差別」ではないか、という感覚が日本人の顰蹙を買ったのです。政治家としての小池氏の「選択」は当然としても、差別と取られかねない「用語」を使って、選挙戦最大の失敗を犯したのです。「政策の一致する人々と一緒にやりたい」と言ったのであれば、誰も責めなかったでしょう。結果として、同じ意味になるとしても、「排除」という用語は、政治的に正しく（Politically Correct）なかったということです。

残念ながら、生きることとは、「選択の過程」であり、好き嫌いを言わずに生きることは難しいことです。嫌いを遠ざけようとすれば、それは「排除」に繋がります。選択も排除も対象の差別化ですから、基準が違う人の自尊心を傷つけずにはおきません。「人生いろいろ」と歌が流行っても、声高に自分の好き嫌いを言うのは、結果的に、差別発言と取られかねないのです。自制して、自分が言われて嫌だと思うことは、他人にも言ってはならないのです。想い通りに生きようとすれば、「衝突」も「人を傷つけること」も避けることは難しく、差別せずに生きることはできません！「智に働けば角がたつ、情に棹させば流される、意地を通せば窮屈だ」。漱石が言った通りです。争わずに生きようとすれば、言いたいことも我慢して、きれいごとの偽善に生きることも多くなりますが、「生きることが差別に直結する」以上、「偽善の勧め」は大事ですね！辛いことです！

3　老後こそ選んで生きる――「年寄りらしく」は生きられない

ある時代が創り出した「らしさ」は、時代が変われば、見えない差別の原因になります。文化は、無数の「らしさ」を創り出して、若い世代を洗脳します。

それが文化の役割だから、仕方がありませんが、主体的に生きようと思うならば、自分に課すべき「らしさ」は意識して選別する時代がきています。

筆者は「隠居文化」と戦って生きると決めています。年寄りは隠居とみなされ、漢字は「隠れて」「住む」と書くのですから、文字通り「引込んでろ」という意味です。それゆえ、「年寄りらしく」は生きないと決めています。

具体的には、「社会から離れない」、「活動は止めない」、「楽をしない」の3つです！ もちろん、歳をとって、仕事から離れても、「テレビにはしがみつかない」、「丸くはならない」、「病気や薬やお寺の話で時間はつぶさない」なども心掛けています。

生涯現役であろうとすれば、社会との繋がりにこだわり、役割にこだわり、「とんがって」生きることになります。家庭菜園も花づくりも楽しいことですが、元気で、頭が働く間は、社会に関わって生きることは止めないつもりです。「テレビ」と「趣味・行楽」と「ゲートボール」と「小学生の登下校の見守り」以上のことをやりたいと願っています。

政治は、「一億総活躍社会」などと言っていますが、現状日本のどこに高齢者の活躍の機会がありますか？　総活躍社会の政策に高齢者は含まれていません。隠居文化の発想を修正しようとしない政治こそが、高齢者を社会の「無用人」にしているのです。政治は、耳障りの良いことを言う前に、先ず、１９６３年の老人福祉法の理念を実現すべきなのです。「老人福祉法の第３条の２」は次のように言っています。

「老人は、その希望と能力とに応じ、適切な仕事に従事する機会その他、社会的活動に参加する機会を与えられるものとする」。

現行の政治は、われわれ後期高齢者にどんな社会的活動の舞台を用意したでしょうか！　福祉、福祉と叫びながら、高齢者の活動を促進する予算はどれくらい含まれているでしょうか？　制定以来、60年近く経っているのに、日本の政治は年寄りに活動の舞台は準備していないのです。社会から切り離された高齢者の「健康寿命」が延びないのは、当然のことです。「隠居」は「無用人」となり（藤沢周平）、年寄りらしくおとなしく暮らしていろ、という文化が壁になっているからです!!

女は、「女らしくあれ」というのは「ジェンダーバイアス」と呼ばれます。男社会の都合で「女のあり方」を決めつけるな、ということです。同じように、年寄りは、「年寄りらしく」というのは、「年齢バイアス」です。一方で、生涯現役を説きながら、他方で、高齢者の活動舞台を準備しようとしないのは、矛盾ではないでしょうか？　高齢者を意に添わない隠居の型にはめるのには従えません。他人の生き方をさして、「らしい」とか「らしくない」という人は、余計なお世話であり、要注意です。「らしさ」の発想には往々にして、「見えない抑圧」が隠されているのです。

子育てや職業を終えた後の高齢者の最大の利点は、生き方の自由です。自由とは、もちろん、時間のゆとりと選択の自由を意味します。親、配偶者、子ども、社会、組織、世間などに生きる義務を負っていた時代は、気ままに生きる選択の自由は許されません。みんな我慢して生きているのです。それゆえ、学校は、子どもに「個性」とか「可能性」ばかりを言い過ぎてはだめなのです。未だ、世間に耐えたことのない「自分探し」難民（＊）の若者には「甘ったれるな」と言うべきです。

一方、人生の義務から解放され、組織を離れた高齢者は、社会的責任の大部分を免除されます。老後の人生は、社会との関わり方も、しきたりや慣習にどこまで従うかも、自分で選ぶことができます。残念ながら、高齢者の人生は、心身の衰えが始まりますが、暮らしは「自分流」で生きることができるのです。やるもやらぬも、好きも嫌いも自分流でいいのです。「自分流」とは自分の意思や欲求を大事にして生きるという意味です。それゆえ、世間体や義理を離れて、終活の「断捨離」もできるようになります。かくして、自分流の核心は「選択」であり、その「基準」です。

年寄りに限ったことではありませんが、生きることの基本は選ぶことです。

何びとも日々の暮らしを「選択」せずに生きることはできません！　自然に従い、周りに従い、自分では選り好みをしていないつもりでも、結果的に、「選ばないこと」を選択しているのです。

それもまた、老後の「選択」です。

義務を負って生きた頃は、小さな選択にもさざ波が立ち、他者の反応や自己責任がついてきました。「好き」は「嫌い」を排除し、「嫌い」は、「好き」を贔屓することになります。「排除」や「贔屓」を避けられないとすれば、「差別」も避けられません！　生きることが選ぶことになる以上、人間は「分け隔てをしない神様」にはなれません。自分流の一番難しいところですが、せめて、人生を頑張ったあとの老後くらいは、自分に正直に、思ったように生きるべきでしょう。

歳をとって、時間にゆとりができ、花づくりやささやかな家庭菜園に集中している時、気持ちが平安で、自然と共生できる感じがするのは、恐らく「選ぶこと」から解放されているからなのでしょう。

（＊）海原純子、こころの格差社会、角川書店、２００６年、ｐ．178、「安易な自己実現幻想は『自分探し』難民を増やすだけ」と手厳しい。労働も規範も学ばぬうちから、子どもに好き嫌いの選択を許せば、確かにそうなります。

4　自分らしさは基準次第──「自我」の宿命

人間の喜怒哀楽の「ものさし」は相対的なものです。それゆえ、「自分らしさ」も「自信」も、相対的なものです。「相対的」とは、自分の中の基準次第で、評価も喜怒哀楽も変わるという意味です。生きる基準とは、「こだわり」であり、人間の「自我」がつくり出す「好き・嫌い」の「欲求」です。「自我」は死ぬまでついて回り、「好き・嫌い」も死ぬまでついて回ります。それゆえ、われわれは自分の「こだわり」を捨てることができません。しかし、その「こだわり」もまた確定したものではなく、人生で何度も変わります。

太田光氏はあっさりと割り切って、「人間はいい加減だから、二面あるのが真っ当」と言い切っています（＊）。喜怒哀楽が基準次第の相対的なものであるということは、「いい加減」でもあるということなのでしょう。わが人生を顧みて、思い当たるところが多々あります。

要するに、生きる「基準」は、自分と他者との関係の中から生まれるということです。選ばずに生きることができないように、他者と関係せずに生きることもできません。仙人になったとしても、仙人になるまでの人生を基準にして生きていきます。

個人が集団を前程とするように、自己は他者の存在を前程とします。他者がいなければ、自分もいないのです。個人の存在自体が相対的なのです。孤島に流れ着いたロビンソンクルーソーも、恐らくは、かつて自分が知っていた誰かと比較して自分を律していたのだと思います。他者との関係は必ず、合うか、合わないか、好きか、嫌いかなど他者と自分との比較を生みます。比較もまた、

「選ぶこと」から派生する結果です。比較もまた基準次第で相対的なのです。

（＊）太田　光、「ブレごころを持つ」、25歳の補習授業、小学館、p.152

5　比較せずには生きられない

比較する人間は、自分の中に比較の基準があります。しかし、われわれの基準は必ずしも確固たるものではありません。置かれた条件によって基準自体が揺れ動きます。それゆえ、自信を失えば、同じように手入れしていても、「隣の芝生」が美しく見えます。

他人が優れているように見えれば、自信を失い、他人よりよくできたと思えれば、自信が湧いてきます。他人がやっていないことを選んでやったり、逆に、他人と同じことを真似してみたり、他者との比較もまた人間の宿命です。

人間は、「自分らしさ」を確かめるためにも、「自信を得るため」にも、他者と比較しなければならないのです。ところが、自分が上だと思えば、他者を見下すことになりかねません。逆に、自分が下だと思えば、ひがむことになるかもしれません。とにかく、生きるということは、差別的で、誠に厄介なことです。

自己評価は、過去の自分と比較すればよいではないか、と分かっていても、他者と比較せずに「自分らしさ」を納得することはできません。自分らしさは、「他者との違い」を前程にしているからです。「背比べ」と同じことで、相手がいて初めてはっきり比較の結果が出るのです。チビ、ノッポ、デブ、ヤセ、など蔑視の表現も、弱虫、強情、見栄っ張り、鈍感、意地悪などの性格評価も比較の結果です。

「自我」は他者がいて初めて自我だと認識できるからです。自分の自分に対する評価は、他者との比較で決まるのです。「自分は自分だ」という時、私たちは生き方を選択し、その選択結果で他者との違いを確認します。それが比較の機能です。世にいうアイデンティティ（「自分とは何か」という観念）も他者がいて初めて判断が可能になります。比較せずに生きられないのは、社会的に暮らし始めた人間の宿命と思うしかありません。

6　似た者は群れをつくる

比較の結果、周りの人と比べて、自分に似ていると思えれば、安心します。それゆえ、安心できる似た者同士が仲間として集まるのでしょう。比較には向上するための比較と自己防衛するための比較があります。自分より上にモデルやライバルを捜し、自分より下に安心の基準を探すのです。昔から「上を見たらキリがないが、下を見てもキリがない」、「上には上があり、下には下がある」といいます。きょろきょろするのは、ありのままの自分でいることが難しい人間の業です。

この時、似た者同士の仲間の中に居ると安心です。似た者の中に居ると基準が安定するからです。同類は多い方が安心で、生き方が楽になります。「友は類を以て集まる」ということになり、みんなに合わせようとする「同調行動」の圧力も高まります。それゆえ、仲間が群れるということは、自分と生きる基準の異なる者を「排除」しているのです。仲間の「選択」も、仲間以外との「比較」もどこかで「排除」に繋がるのです。

仲間は自分たちに同調しないものをはじき出そうとするので、連帯をめざす「同調圧力」の裏側が「排除」になるのです。どう考えても、人が異質の他者を「排除」せずに生きることは難しいのです。

7　人間は基本的に「自己中」

人間は基本的に自己中です！　それはわれわれの存在が個体であり、自己保存にこだわるからです。人間は個体で存在するがゆえに、痛みを他人に代わってもらうことはできません。痛みに限らず、生きる上で、他者と感情や生理を共有することは9分9厘不可能です。喜びも哀しみも、痛みも恨みも共有できません。

たとえ、相思相愛で愛し合っても、個体の壁を乗り越えて相手を理解することは難しいでしょう。それゆえ、「共感する」とは、例外的に感受性の豊かな人の能力です。他者の痛みが分かるのは、他者の状況を我が身に置き換えることができる能力を授けられた希有の人々が感じ得る奇跡的な現象です。われわれの存在は、個体という人間存在の本質によって切り離されているからです。むしろ、「人の痛いのなら、3年でも辛抱できる」という日本のことわざの方が人間の特質をついています。

この事実に最初に気づいて応用したのは、おそらくD．カーネギーの「人を動かす（＊）」だったでしょう。1936年の出版で、今も売れているのですから、スーパー長期ベストセラーです。筆者が学生時代にこの本を読めたことは人生の幸運でした。カーネギーの助言をすべて実践できたわけではありませんが、いつも頭の片隅にありました。今日まで世間を無事に渡れたのは、彼の助言のおかげです。

カーネギーこそは人間が自己中であることを徹底して見抜いた心理学者です。

彼の助言の核心は、「人間は自分にもっとも関心がある」ということです。それゆえ、人間関係の原理は、「相手の関心に関心を寄せる」ことであると喝破しています。「相手の関心に関心を寄せる」とは、具体的に、「名前を呼ぶ」、「話を聞く」、「議論しない」、「手柄を譲る」、「褒める」、「命令しない」、「相手が間違っていると決して言わない」などです。もちろん、「相手を好きだというサイン」の「笑顔」はもっとも大事であると言っています。

カーネギーは、当時の成功しているセールスマンを研究の対象として、「顧客のすべてを肯定する」ことがカギであるという人間関係の極意を導き出しました。それゆえ、小売業でも、お客は「自分に関心を持ってくれる売り子」から買うのだ」と言っています。

人間は個体性の故に、「自分がそうありたいと思っている自分」を他者に肯定してもらうというフィードバックが必要になります。精神の安定のためには、それぞれの個体を越えて、他者も同じように感じてくれることを確認したいからです。心理学のいう「社会的承認」の必要です。同類の仲間が大事なのは、仲間は同類のゆえに、自分と似たような言動で、自分を認めてくれる可能性が高いからです。こちらは「同調行動」と呼ばれます。

（＊）D．カーネギー、片山陽子訳、人を動かす2、創元社、２０１２年

8 「空気を読め」とは、「同調圧力」

仲間と同じように考え、似たように行動することを「同調」と言います。「空

気を読め」という圧力です。仲間の中で、自分が相手を好きになって、相手からよく思われたいと思った時には、相手に合わせようとします。集団であれば集団に合わせようとするし、集団もまた、個人に同調するよう圧力をかけます。それがメンバーの「同調行動」と集団による個別メンバーへの「集団圧力」です。時と場合によって、どちらも「ストレス」になります。

同じ集団の中でも、好きな人とはうまくいき、嫌いな人とはうまくいきません。それゆえ、集団の中に小さな集団ができます。それがセクトです。集団の中に小集団ができて分派活動を始めるのが、セクト主義です。セクト主義は、嫌いな人を排除することに走り、好きな人同士で固まろうとします。「好意の互換性」と呼ばれています。「好意の互換性」は、当然、その背景に「嫌悪の排除性」を持っています。集団同士がいがみ合うのはそのためです。

人間の業は、同意する人には好意を持ち、同意しない人は排除します。それゆえ、同調行動は世渡りの術の一つで、「ごますり」の効果も絶大なのです。かくして、集団から成員への同調圧力がストレスになり、「空気を読み」、「気配り」をし続けなければならない「友達地獄」（＊）が出現するのです。この時、「むかつく」対象に選ばれた者は、いじめの対象になるというのです。これもまた「友は類を以て集まる」という仲間意識がもたらす排除です。

人間は、選ばずには生きられず、選べば差別につながり、選ばねば自分を失うのです。厄介なことです！

（＊）土井隆義、友達地獄、ちくま書房、２００８年

9　文化こそが差別の原点

冒頭に、相撲界の女性差別を書きましたが、あれなどは文化差別の典型です。女性差別を、伝統という美辞麗句で包んで「いいわけ」にしているだけです。子ども神楽に女の子を入れないことも同じです。女人禁制の山や島も同じです。

近年、世界遺産に指定された宗像市の宗像大社・沖の島を巡る遺産群の中で、沖の島は現在も女人禁制です。世界遺産の指定を受けてから、宗像大社は、男性の見学者も島へ入れない決定をしました（＊1）。人類の半分を入れないとしている島が世界遺産になるのは、女性が許さないことを関係者が直感したということでしょう。同じ世界遺産の奈良県の大峰山（＊2）も女性を排除してきました。しかし、何年か前に勇気ある女性たちが登山を強行し、少しずつ女人禁制の発想が変わっています。バチが当たったという話は聞いていません。

富士山の女人禁制は明治5年に撤廃されました。この場合も、女性信者が多かった「富士講」による働きが大きかったと文献にあります。このようにして、文化や伝統も時代に合わせた変化をしていくのです。相撲協会も、女性ファンの多いこと、世界女子相撲選手権（＊3）まで行なわれている現状に鑑みれば、いつまで伝統を盾に、女性を「不浄視」するのか？　何のために有識者がついているのか？　彼らの「有識」とは何なのか？　相撲人気が衰えたあとで、「悪しき伝統」であったと繕っても間に合わないのです。

かくの如く、「選ぶ」・「選ばない」という行為の背景には、文化の見えない強制力があります。個人と同様、長い歴史の結果、それぞれの文化にも「こだわり」や「基準」が生まれているからです。文化は、自然環境を原点として、生産や労働のあり方で生活様式が決定され、集団行動の基準が決まって、定着していきます。農耕文化とか、狩猟文化とかいう言い方が、自然環境や生活様式の違いを象徴しています。

文化は、人間の生き方を左右し、集団のあり方、リーダーの特質、家族のあり方、男女関係などを決めていきます。文化は、法や制度に始まり、文明を反映しながら、われわれの生き方を決めてきました。文化は、知識や技術を反映して徐々に変わりますが、その時々の時代を生きた人々のこだわりを反映し、時差を生むので、古い文化に固執すれば、新しい生き方と衝突します。世代間の摩擦はそのようにして生まれ、経済がグローバル化すれば、地域間・文化間の衝突も起こります。どの文化もそれぞれの基準やこだわりを簡単には譲らないので、衝突は何時でも、一方が他方を排除したり、抑圧したりする力に変わります。文化の違いこそが争いの理由となり、差別の原点であり、国際紛争やテロの原因になります。

（＊1）2017年7月15日―女人禁制として知られる福岡県宗像市の沖ノ島が、男性の立ち入りも禁止されることになった。（朝日新聞デジタル、7月15日）

（＊2）大峰山は1936年に吉野熊野国立公園に指定され、2004年にはユネスコの世界遺産に登録された。しかし、女性の立ち入りが認められていないことで議論を呼んできた。

（＊3）女子相撲の女子世界大会で国際相撲連盟が主催する。2001年から世界新相撲選手権大会という名称で開催され、2007年から現在の大会名に変更された。（Wikipedia）

10　文化の相対性の限界

国際理解教育や文化人類学は、文化は「相対的」であると説きます。「相対的」

とは、どの文化にもそれぞれの価値があり、一つの文化の基準で他の文化を一方的に評価してはならない、という意味です。しかし、明らかに、「相対性」にも限界はあります。日本文化は、タリバンの文化を許容できないでしょう。文化もまたそれぞれの基準に相容れぬものを「排除」し、「差別」するのです。

文化の相対性論者も、タリバンの男に娘はやれないでしょう。タリバン文化は女性の権利をほとんど全く認めないからです。文化の相対性は、衝突の度合い次第で、寛容の限度が破綻します。自分たちの生きる基準に照らして、どうしても同意できないものを受け入れることはできないからです。

宗教も同じです。宗教が説く神もまた異端に不寛容です。それゆえ、歴史的に見て、大きな戦争は宗教が絡んでいました。現代世界でも、宗教がらみの紛争は未だ終わっていません。神様にも差別は解決できないということです。特に、一神教の場合、神は他の神々を異端として排除するので、神自身が差別を認めていると言っても間違いではないでしょう。多くの宗教が「いわれなき差別」をするなと言っていますが、「いわれがあれば」、差別してもよいのかという疑問は残るでしょう。人類の歴史を見れば、神の名の下に説かれた「価値の違い」こそが差別の原点です。

ある宗教が他の宗教を許容できない時、社会学では「神々の戦い」と呼びます。「われこそ正しい」と主張する者同士が争えば、決着はつきません。イデオロギー闘争も同じです。

俵万智の短歌に次のような歌があります。

「愛は勝つ」と歌う青年　愛と愛が戦う時はどうなるのだろう（＊）。

この短歌の心配の通り、「愛どうしの戦い」は決着がつかないのです。歴史が示すように、「神々の戦い」は、往々にして収拾がつかない泥沼の争いに転じます。文化もまた異文化を排除する傾向が強いからです。愛もまた、己の意志を貫徹するために、他の愛を排除しようとするのでしょう。差別もヘイト・スピーチも異質を排除する発想の中で生まれます。

（＊）俵万智、チョコレート革命、河出書房新社、１９７７年、p.129

11　異質を排除する日本文化

同じ日本人なのに、時に、子どもの間ですら「帰国子女」がいじめられます。日本社会で、「異質」は仲間ではないからです。

外国文化を吸収した「帰国子女」は、言葉の発音や言い回しなどをはじめとして、どこか立ち居振る舞いが周りと違うから目立ちます。帰国子女をいじめる子どもたちは、日本文化を象徴しているのです。いじめは、「異質」であることが理由です。帰国子女の行動様式や日本語のアクセントが少しだけ違うというような単純なことが原因です。いじめと同様、仲間はずれの本質も「異質」の排除です。日本人は「異質」に慣れていず、仲間と違う「異質」を有している者は仲間になれないのです。

外国人が「外人」と呼ばれ、日本人の中に溶け込めないのも同じ理由です。彼らは見た目も言語も違うから、「外の人」であり、疑いなく異質なのです。日本文化にとって、「異質」は鑑賞や好奇心の対象であっても、仲間に入れる条件ではありません。一方で、異質に興味を持ち、他方で、異質を嫌うのは、外の世界と接することの少なかった島国の特性なのかもしれません。

日本文化は、「身内」の平等と同質性を大事にし、「よそもの」の異質性を嫌うのです。文化こそが「差別的」なのです。

部落差別は、同質の日本人を差別するために、職業や居住地を限定し、特定の人々を「異質化」する制度を創り出す政治的な仕組みです。そのとき使われた「非人」という言葉は、正しく、「人にあらず」として同質者を「異質」にするために発明された表現です。仏教が生み出した「差別戒名」も同じ理屈で、人工的・政策的に「異質」を創り出したということです。

筆者が学んだアメリカの社会学の教科書には、日本の同和問題の解説に、「見えない人種（Invisible Race）」と書いてありました。人種差別に苦しむアメリカにとって、同質の日本人同士の差別は、理解できないところがあったと思われます。部落差別は、統治上の制度として、同質日本人の中に政治的・意図的に創り出された身分上の差別であり、教科書の作者は、アメリカ人にとって、「見えない人種」と呼ぶことが読者に解りやすいと考えたものと思われます。

12　日本文化は「突出」も許さない

日本文化は、「異質」だけでなく、「突出」も許しません。突出はどこかで異質に転化するからでしょう。

日本社会では、成功者がいつも「みんなのお陰」を口にします。高校野球ですら、ヒーローが「みんなのお陰」を持ち出すのは、自分は「みんなと同じ」で、「突出」していないと宣言する日本文化の自己防衛法です。日本文化は、同質を重んじるがゆえに、「突出」もまた許さないのです。「出る杭」を好まず、「うぬぼれ」と「自尊」を嫌い、個人が己の成功を誇れば嫌われることを知っているからです。

謙譲の文化は、横並びを尊び、控えめやへりくだりを要求します。「謙譲」とは、優れた者が自らを卑下して、「皆さんと同じです」と宣言するということです。日本社会が「平等」と「同質性」に敏感なので、「謙譲」と「へりくだり」は礼節となったのです。

もちろん、失敗を人のせいにしてはなりません。「自分が悪い」ことを認め、「自分の責任です」、と言うだけで「潔い」と評価されます。謙譲の文化によれば、「良いこと」はみんなのお陰、「悪いこと」は自分の責任と考えます。それゆえ、責任逃れを「卑怯」と判断するのです。

横並び、人並み、お互い様に代表される、互恵的な相互依存関係は日本文化の価値観です。自分一人が頑張って、他者に抜きん出てノーベル賞を取ろうとするような競争原理は、「横並び」文化への反逆です。それゆえ、激しい個人間競争は、「横並び」文化と相容れません。競争原理は、条件の公平を大事にしますが、人間が個々に違う以上、結果の平等はあり得ません。競争を「集団間競争」に限ってきたのは、「突出を許さぬこと」、「敗者を泣かせぬこと」などの理由があるのです。

受験競争や公務員試験などは、例外的な個人間競争ですが、人材配置上のやむを得ぬ「必要悪」だから続いているのです。「受験地獄」と呼ぶのは、止められない、「悪」であっても、「必要」だからです。

経済がグローバル化し、個人主義が学校を通して広がりました。岩崎夏海氏は、「競争はプレゼンテーションである」として、競争の必要を認めているのですが、文化は抵抗しています。「世界に一つだけの花」を流行らせて、「君は、オンリーユーなのだから」、「競争をするな」と歌っています（＊）。日本人は実力主義が嫌いで、文化は「頑固」なのです。

「互いの協調」と「結果の平等」を大事にする水利共同の農耕文化からノーベル賞クラスの研究者が出にくいのは、個人競争を戒めているからです。「出る杭」や「突出」が嫌われる文化から飛び抜けた研究者が出るはずはないのです！

小学校の運動会の徒競走で、手をつないでゴールさせたのも日本文化の過敏な平等意識の象徴です。「勝者」を決めることは、「敗者」を決めることであり、横並びを破壊するからです。横並び文化は、原理的に、競争そのものを否定しているのです。

農耕文化では、一人だけ頑張っても収穫に大きな差は出ません。収穫の大部分は天候と勤勉がもたらすもので、才能がもたらすものではありません。競争は、人間関係をぎくしゃくさせるだけでなく、「敗者」を生み、協調関係にひびを入れるから有害なのです。

日本文化は、「敗者」の不満・怒り・反発こそが、世の中の不安定要因であり、犯罪の温床だと知っているのです。聖徳太子の17条憲法以来、「和をもって尊しとなす」とは、「敗者」を生まない配慮をしなさいという農耕文化の知恵なのです。

（＊）岩崎夏海、競争考、心交社、２０１５年ｐ．32

13　平等感覚が強すぎると傷つきやすい！

日本社会には、孔子様の知恵が不可欠です！「己の欲せざることを他に施すことなかれ」は、平等追求社会の鉄則です。他者と比較する平等意識も、「横並び」を欲する自意識も、農耕文化の特色です。問題は、横並び意識が過敏な人は傷つきやすいということです！「幸せなんて望まぬが、人並みで居たい」（「昭和枯れすすき」）のです。

クレーマーの多くは自意識過剰で、平等意識過敏です。横並び意識の高い人と付き合うと、自分の意見を表明し、相手との違いを指摘しただけで、プライドを傷つけてしまうことがあるのです。「上から目線でものを言うな」などと反発されます。平等意識を前程とする人々にとって、「違い」の主張は、「批判」・「排除」と受け取られかねないのです。

過剰な平等意識は、「異質」や「突出」を脅威と認識し、同質性の破壊者として認識します。「よそ者」が、仲間と違っているだけで、「加害者」かと、疑ってかかるのも平等追求社会の社会病理です。

14 「無視」は日本文化の「恥部」

筆者が知る限り、アメリカ文化では、「言葉で言わない」こと、「意思表示をしない」ことは、「無能」や「卑怯」と見なされます。発言しないことは、「発言できないこと」になり、「愚図」で、「中身がない」ことと同じだという解釈です。筆者が経験したアメリカの教室の学生たちも、日本では考えられないくらいによく発言します。

筆者のアメリカ人妻も、アメリカ文化の通り、意思表示を大事にしていました。言葉で説明しようとしない「沈黙」や「グズ」が嫌いでした。成長期の子どもたちにも、事あるごとに、自分の考えを「はっきり言いなさい」、「ちゃんと言葉で言いなさい」と叱っていました。しかし、日本文化では、はっきり意思表示をすることは、往々にして「角が立つ」のです。

それゆえ、思春期に入った息子は、日本文化を学び、だんだん意思表示をしなくなりました。母への反抗の手段に「別にぃー」を連発して、妻を苛立たせることをよく知っていました。思春期に入った息子は、自立を主張し、母の監督を避けようとします。母にとっては、息子の一日の報告が何もないなどということは耐えられないことでした。息子が、母とのコミュニケーションを回避し、何一つ言葉で報告しようとしない態度は、親を認めない許し難い侮辱と感じたようです。直接表現を大事にするアメリカ文化で育った妻にとって、「無視は侮辱」であると感じたはずです。彼女が怒るのは当然のことでした。「別に」は意図的なコミュニケーションの拒否だからです。

息子に無視されて苛立つ妻に、私は、彼は「言わないこと」であなたに反抗しているのだよ、と説明しました。「無視」は「相手を拒否する」日本文化の常套手段なのだよ、と言うと、妻はますます怒り狂うのでした。アメリカ文化は、人間関係の基盤として、言語的コミュニケーションを大事にします。「スピーチ」、「ディベート」、「ディスカッション」などは、日本と違って、学校でも重視して教えます。

当然、妻には、自分に「不満」があるのなら言葉にして言えばいい、「無視は卑怯」だという感情があったと思います。相手をコミュニケーションの土俵に入れないということは、「しかとする」という子どものいじめの態度と同じです。

「表現しないこと」で「表現する」というのは、良きにつけ、悪しきにつけ、遠回しやぼかしを得意とする日本の間接表現文化の特徴なのです。

無視には、「相手を拒絶する」という強烈な意味があり、「表現しないこと」

で「表現している」のです。日本画の「余白」のような機能を持っているのだと思います

例がいささか飛躍しますが、優れた古代史研究者の古田武彦氏（＊）が妻と同じような感想を度々書いておられることに気づきました。

古田氏は既存の古代史研究の方法と分析を批判した自分の所論に、なぜ学会等の研究者は正面から反論せずに無視するのか、と何度も嘆いていらっしゃいます。日本人の研究者は、古田氏の所論に対して、反抗期の息子と同じように、「別にぃ」と言っているのです。「あなたには関心がありません」ということを「無視」で「表現している」のです。私は古代史研究の門外漢ですが、古田氏の研究結果を無視するのは、要するに、「反論できない」か、あるいは「あなたとは付き合いたくない」という意味です。わが妻が、「母への不満」を「言葉にしない（できない）」息子を「卑怯」と断じたように、アメリカの研究者であれば、学問上の方法や分析を批判されて反論しないことは「卑怯」と感じ、大いに恥とするところだと思います。論理的批判に対して、論理をもって応え

ないということは、学問の自殺だからです。それが分かっていて、なお「無視する」というのは、さらに卑怯です。いじめに限らず、いじめの証拠を残さない「無視」という方法で仲間はずれにすることは、最悪のいじめです。「無視」することによって「お前のことは嫌いだ」と差別するコミュニケーションのあり方は、「控えめ」や「表現の抑制」を重視する日本文化の恥部とでもいうべき特性でしょう。

（＊）古田武彦、古代史研究者、「邪馬台国はなかった」、「失われた九州王朝」、「盗まれた神話」（いずれも角川文庫）等の優れた著書がある。

参考：
古田氏は個々の資料の分析から、古代の日本に「多元王朝」が存在したという結論に到達した。その代表が近隣諸国の史書に現れる「倭国」である。古田氏の論証は多岐に渡るが圧巻は古代中国の「宋書（五世紀）」の「倭国伝」に現れる「倭の五王」である。名前はそれぞれに讃、珍、済、興、武である。倭国は代々当時の中国に朝貢してきた。従来これらの王は大和朝廷の天皇に比定されてきた。しかし、日本側史書のいう天皇在位の期間・時期が「宋書」の記述と合致しないのである。天皇の年齢も人間の寿命の常識をはずれているのである。「宋書」ほかの史書に紹介されている戦争や権力者の死亡記事の内容も一致しないのである。資料中に表記された地理的描写も大和朝廷の位置とは矛盾しているのである。何よりわれわれが知る限り大和朝廷には一字名の天皇は存在しない。それゆえ、天皇名がそもそも一致しないのである。

以上のような状況から古田は「宋書」が記録している「倭国」は大和朝廷以外の王朝である、と想定する。それこそが九州を拠点とした「九州王朝」である。古代史の素人である筆者にとっては「古代における権力の分散」も、「後の権力者が前の権力者の歴史を書き換えるであろうことも」論理の当然の帰結に見える。しかも、古田の凄いところは、「倭の五王」を大和朝廷内の天皇に比定するすべての論者を逐一「検証」可能な方法によって論駁する。「論理の赴くところ」「三国志ー魏志倭人伝」に現れ、「宋書」に続く「倭国」とは大和朝廷とは権力を異にする「九州王朝」であったことを納得せざるを得ない。

15 経済学のいう「差別化」

(1)「気に入った方」を選ぶのは人間の「業」である

製品化、販売など、経済の分野で「差別化」という用語は、「差別」と区別して注意深く使われています。一方、「差別」とは、理由があろうとなかろうと、「一方を高く、一方を低く取り扱うこと」です。

これに対して、経済分野の「差別化」は、「同類の他のものと違いを際立たせること」であり、「他社とは提供するサービスで差別化をはかる」などと使われます。

社会学的な意味での「差別する」は英語でDiscriminateであり、経済学的な意味での「差別化」はDifferentiateです。

差別化とは、マイケル・ポーターによって提唱された競争戦略の理論で、簡単に言えば、自社の製品やサービスを多機能化、あるいは高級化して、他社の競争製品と区別できるようにすることです。換言すれば、商品やサービスに、副次的な機能や品質の特徴を創造することです。

Differentiateとは「他との違い」を際立たせるという意味であり、差別化とは、「違い」によって取引上、優位に立とうとする戦略です。顧客はその「違い」を「選択」して、買うのです。したがって、購買上の「選択」は、顧客の「評価」を反映しています。

消費における「評価」も、他の商品・サービスを「排除」するので、原理的に「差別」と意味上の違いはありません。提供されるサービスの担当者が、実在する人間である場合を考えればすぐ分かることです。

例えば、仮に、「容姿端麗、若くて、英語に堪能な添乗員を準備します」と言ったとしたら、これらの条件から外れる人々は「排除」されるのです。しかし実際には、ほとんど疑問なく、「化」をくっつけて、経済学上の用語となった「差別化戦略」は、むしろ推奨されているのです。

(2) 「差別化」は「差別」にほかならない

「差別化」についての辞書の説明は以下の通りです。

「特定商品(製品やサービスを含む)における市場を同質とみなし、競合他社の商品と比較して機能やサービス面において差異を設けることで、競争上の優位性を得ようとすることである」。

この説明文にある商品やサービスを「人間」に置き換え、市場を「世間」と読み代え、機能やサービスを「学歴」や「富」に置き換えれば、「差別」と何ら変わらないでしょう!!

要は、商品やサービスの「ブランド」化が、経済学のいう差別化です。ブランドが好きな日本人は高い金を払ってブランド商品を持ち歩きます。ブランド好きは、ものに限ったことではありません。政治家の親の七光りや東大卒のブランドも価値の「違い」を強調しているのであり、論理的に「差別化」なのです。

差別化戦略とは、選ぶことも選ばせることも、「価値の違い」が売買の核心です。「違い」によって「選ばれないもの」があるとすれば、「価値が低い」ことになります。論理上、違いの評価が差別に繋がっていくのです。差別化の対象商品・サービスに、人間が含まれるとき、「若く」、「容姿端麗」、「未婚」などの条件がつけば間違いなく差別でしょう。

「差別化」表現の言い換えや類似表現を探してみました。下記の同類語は、評価機能を加えてみれば、本質が同じであることは一目瞭然です。「言い換え」の例は、例えば、見分け・弁別・見境・分別・判別・識別・聞き分け・弁え・わけへだて・鑑別・区別などです。

ゆえに、経済格差とは「貧富による差別化」が発生しているという意味であり、人々の暮らしに大きな違いが生じます。経済格差は、直線的に、「子どもの貧困」など発達条件の差別に直結し、健康や教育上の差別に繋がっていくのです。

もちろん、言語学上の差別化とは、「優位性」ではなく、機能や質の「違い」ですが、評価結果が選別に繋がるので、「違い」は、ごく簡単に「優位性」に変化します。「違い」は「選別」の過程で、「優劣」に変質し、「優劣」は世間の暮らしの中で「選ばれるもの」と「選ばれないもの」に分かれます。選ばれたものは、選ばれたことによって社会的な褒賞を受け、選ばれなかったものは、褒賞を受けられません。選ばれなかった側に取って、「違い」は、「劣性」であり、いとも簡単に被害感情をともなった「被差別」意識に変質します。選ばれたものは、「ブランド」となり、「勝ち組」となり、自信を得て、喜びます。選ばれなかったものは、「負け組」として、自信を消失して、ひがむことも起こるでしょう。比べずには生きられない人間の特性です。この特性がある限り、選ぶことは、「選ばれないもの」を生み、どこかで差別感情に繋がっていくのです。

16 お笑い芸人が言うのなら、差別でも、セクハラでもないのか？

（1） 許して、喜ぶ日本人

拙著『教育小咄～笑って許して～』が目に止まったのか、講義のご依頼は「面白く」やってくれということでした。テーマは、男女共同参画と健康寿命でした。「笑い」を入れることは、初めての実験なので、引き受けたはいいが、講義の席で「立ち往生」する自分が夢にまで出てきました。焦った私は、ヒントがないかと思い立って、YouTubeのお笑い番組を探して研究（？）をしました。真面目を志した研究者は、慣れないことを引き受けて、失敗する強迫観念に苛まれました。

インターネット上には、「サンドイッチマン」、故人となった「レオナルド熊」、「ナイツ」、「ケーシー高峰」、「綾小路きみまろ」などがあり、時間を割いて全部を見ました。サンドイッチマンやきみまろについては、中身を憶えてしまうほどに繰り返し見ました。

中身の第1印象は、ことばの置き換えの巧みさ、間の取り方、ぼけと突っ込みなどに感心しましたが、同時に、下品、ばかばかしい、どこがおかしい、などとも思いました。

しかし、画面に出てくる聴衆は大笑いしているので、勝負は芸人の「勝ち」だとも思いました。お笑い芸人は笑わせたら勝ちだということです。中でも、もっとも驚いたのは、「きみまろ」の紹介ニュースに、6年で1000回以上の公演をし、前売り切符が全て完売したとありました。好き嫌いは別として、なまじの芸でできることではないでしょう!!

なぜそれほどの人気なのか、YouTube のビデオを繰り返し見てみました。

きみまろは、徹底して中高年をバカにして笑いものにします。お笑いでなければ、高齢者差別、女性へのセクハラと言われかねない場面も多々ありました。しかし、バカにされたはずの中高年の観客が大喜びしている姿が映っていました。だから、お笑い芸人が言うのなら、きわどい悪口も、下ねたも、差別的発言も、侮辱やセクハラにはならない、ということでしょう。

まさか中高年に「自虐趣味」があるわけでもないでしょう！　画像には、笑い過ぎて、腹を折って、涙を拭いている人までいました。あれだけ中高年をバカにして、聴衆から喜ばれるには何か本人の芸だけではない別の理由があるのだろうと思いました。

(2)　余裕ある日本人か、他人事の日本人か？

「きみまろ」を受け入れている第1の理由は、日本の中高年の余裕です。

きみまろは、日本の中高年の衰えと変貌ぶりを、身振り手振りを交えて、侮辱的に描き出します。描写は大げさで、時に、下品ですが、聴き手には、どこか思い当たるところがあるのでしょう！　もちろん、彼は中高年を小馬鹿にしている中に、自身を含めています。今や聴衆は、きみまろの「毒舌」や「侮辱」を前程として聞きにきているのです。聴衆自身も自分たちの変貌を「おかしい」と面白がっているはずです。だから、誰も怒りませんし、侮辱を笑いの中に吸収してしまうのです。

自らを「笑いの対象」にするのは、聴衆の側に、余裕と自信がなければできないことです。中高年の人生には確かに色々ありました。きみまろの言う通り、「老いて若さも美貌も失ったけれど、今、われわれは、衣食足りて、平和で満たされて「お前のバカ話もゆとりをもって聞けるのだ」という自信です。きみまろも同じ中高年で、身の程も知っています。「その顔で他人のことがよく言えるよ」ということです。

第2は、日本人は、「他人事にして聞く」達人だということです。

自分のことなら腹が立つが、他人事なら面白いことはたくさんあります。自分事と他人事の仕分けについて日本人は天才的です。きみまろが何を言おうが、他人のことなら面白いのです。きみまろも心得ていて、馬鹿にした相手は一般化するか、漠然と「あの辺」と聴衆を指さします。聴衆は、「そう、そう」、「いる、いる」などと思って聞いているのでしょう。

(3)「きみまろ」の主題は、人生平等の落差

きみまろの主題は、「時のながれ」です。「若さを失うこと」、「結婚の新鮮さが消えること」、それゆえ、「あれから40年」が決まり文句です。老いも衰えも、人生平等の落差であり、誰にでも起こり得ることです。

40年の間に変わり果てた「中高年」の「老い」や「夫婦仲」や「行く末」を揶揄して笑いを取ります。みんな一緒のことだから誰も怒りません。基本の手法は過去を美化し、現実の衰えを誇張して、その「落差」を見せつけ、それにもかかわらず、未だみんな頑張っているのだと持ち上げるのです。「皆様は、若かったのです！　お美しかったのです!!」「あれから40年、今は面影ないけれど!!!」という具合です。40年経てば、だれだって、老いがもたらす衰えは隠

しようがありません。

「奥様方は美容院へ行ってお綺麗になってきても、首から腰は骨董品、腰から下は掘り出し物」と腰を落として歩いてみせて、揶揄します。その格好も秀逸です。真っ赤なタキシードは「道化」を象徴しているのでしょう。

「そうです、私も含めて、みんな昭和枯れすすきなのです」と「みんなで渡れば怖くない」と会場を安心させます。聴衆の大半は中高年なので、聴衆は自分一人のことではないと安心しているのでしょう。

また、随所に強い夫をやっつけるので、聴衆の多数派を占める妻にとっては痛快なのかもしれません。「昔はご主人の顔を見るだけで胸がドキドキしたものです。新鮮でした！　今どうでしょう。あれから40年。ご主人の顔を見てドキドキするのは不整脈です」などとバカにします。数少ない男性聴衆も、「女房の厚化粧、犬は吠え、旦那後ずさり」などでは、思い当たるところがあるのか、手を叩いて笑っています。「あの衝撃的な結婚披露宴から40年、「プロポーズあの日に帰って取り消したい」」、「妻に出したい退職届」で笑い転げます。時に、温泉に入る女性をトドの群れに例えたり、男便所に駆け込むおばさんを揶揄したり、極めて品の悪いことを言ったり、動作で真似したりするのですが、きみまろの悪態を当然として聞きにきているので、許してしまうのでしょう。衰えやボケの問題もきみまろの得意とするところです。対処法を入れれば、立派な健康寿命の講演になりそうで、研究者にも参考になります。「よいしょと言わなければ立ち上がれず、よっこらしょと言わねばすわれない」、「何を言ったのかを忘れ、言おうとしたことを忘れ、忘れたことまでも忘れて、ここはどこ、私どこにいるの」と笑わせます。「ボケ」や「認知症」を心配している人々には侮辱的です。

「3人よれば病気の話、5人よればお寺の話」と高齢者をバカにし、「哀しいじゃないですか、ご主人は奮闘し、会社の手となり、足となり、首になり、今は昭和枯れすすき」、「ここで1分間の黙祷」と結ぶのです。とても研究者の言えることではありません。

17 見えない抑圧――演歌文化がすり込む女の感性

高齢社会のテレビは懐メロ番組が花盛りです。チャンネルを回せば、必ずどこかの局が過去のヒットメロディーを繰り返し流しています。高齢者は過去を振り返り、懐かしんで生きているからでしょう。子どもの貧困や広がる一方の格差を思えば、「人並みでいたい」と歌う「昭和枯れすすき」などは身につまされます。ヒット曲の歌詞は、作詞家の意図を越えて、世相を反映し、世間の価値観を反映しています。それゆえ、繰り返し聞いてきた聴衆は、知らず知らずのうちに、自身の感性や発想を学び、習慣化していきます。演歌は文化の「刷り込み」なのだと気づかざるを得ないのです。

ヒット曲の歌詞は、人々の思いを「水路づけ」し、人々は、ヒット曲に託して日々の行動を選択するのです。ヒット曲は、時代を反映し、人々に生き方を提示します。古い歌は古い生き方を、新しい歌は新しい生き方を提示します。「歌は世に連れ、世は歌に連れ」とはそういうことでしょう。

ある時、男女共同参画の講義から戻って、テレビのニュースを探していたら、歌番組に都はるみと作曲家の岡千秋氏が登場していました。二人が歌ったのは「なにわ恋しぐれ」です。1番を岡氏が歌い、2番を都はるみが歌いました。岡氏はドスの利いた声で自信満々、都はるみは岡氏に寄り添って心底うれしそうに女の思いを歌ったのです。背景を知らずに聞けば、「なにわ恋しぐれ」は男女共同参画を真っ向から否定する「反戦歌」です。「春団治」の修業時代を歌ったそうですが、人々の胸に沁みていくのは、春団治という固有名詞ではなく、歌詞の冒頭の文言です。

「芸のためなら、女房も泣かす、それがどうした文句があるか」。岡氏は春団治に感情移入してさも気持ちよさそうに「酒だ、酒だ、酒もってこい！」と叫ぶのです。

私は思わず、「文句があるぞ」とテレビに向かって言いました。日本国で、その「逆が歌えるか」と思ったのです。この日本国に、「妻が世に出る亭主も泣かす、それがどうした文句があるか」と歌った歌はないでしょう。次に、都はるみが、岡氏の袖にすがって、切なげに2番を歌いました。「そばに私が付いてなければ、何もできないこの人やから、泣きはしません、辛くとも……」と言ったのです。「そういうお前がいるから、そいつは何もできないんだ」と私はテレビに毒づいたことでした。

後日、別の場所で、再び、男女共同参画の講義の機会をもらいました。私は、YouTubeを繰り返し見て、練習し、「なにわ恋しぐれ」を覚えました。手ぐすね引いて待っていたので、「見えない刷り込みに騙されないで！」と前置きして、「なにわ恋しぐれ」の1番の冒頭を歌ったのです。

講師の歌が珍しかったのでしょう！　私に続いて何人もの女性の皆さんが一緒に歌い出しました。屈託なく、楽しそうな斉唱になりました。もちろん、みなさんの意識の上では、この演歌は「ど阿呆、春団治」という他人のことで、自分のことだとは思っていないことでしょう。しかし、「芸のためなら女房も泣かす」とは、まぎれもなく妻を貶める文言であり、男女共同参画の反戦歌です。

私は、「皆さんも2番まではご存じないでしょう」、と言って2番の冒頭も歌いました。

「そばに私が付いてなければ、何もできないこの人やから」と思っていらっしゃるのは皆さんです、と言ったら会場は大笑いになりました。

果たして皆さんは、改めて、演歌の刷り込み機能に気づいたでしょうか？　ヒット曲は時代の文化を代表しています。歌っているうちに、男のために女が尽すのは当然で、男のわがままを我慢するのは仕方がないという感性が滲みていくのです。村田英雄のヒット曲「王将」は、西条八十の作詞で、曲の2番は、西条氏の奥様の「晴様」への思いを込めた歌詞であるとあとで知りました。しかし、大多数の聴衆は知りません。

村田英雄のヒット曲が、「愚痴も言わずに女房の小春、作る笑顔がいじらしい」と繰り返せば、一般論として、女のあるべき姿勢を示唆することになるのです。夫の生き方のとばっちりで、辛いことがあっても、愚痴など言わずに笑顔で耐えているのが、よい女房なのだとヒット曲を聞くたびに刷り込まれているのです。

18　「夫原病」――11時半には必ず終わって下さい

筆者が依頼を受ける社会教育の講義は、大体90分です。だから、10時に始まれば、11時半には終ります。時間厳守は講師の鉄則ですから、私も重々気をつけています。あるとき、冒頭に、公民館の主事さんから、必ず11時半には終わって下さいと念を押されたことがありました。「承知しております。時間は厳守します。」と答えました。

その日も時間を厳守してきっかり11時半に終えました。ところが参加者から質問が出たので、対応を始めると、主事さんが会場の後ろで、両手をバツ印にして「終わって下さい」という合図をしたのです。未だ説明の途中でしたが、彼女の雰囲気に気圧され、説明を端折って中断しました。

後で事情を聞いてみたら、何人かの女性が留守番をしているご主人のために昼飯を作りに帰るので、公民館側が時間厳守をきつく注文されていたということでした。「帰宅が遅くなると叱られるのではないでしょうか！　時間通りに終わって下さい、と厳しいご注文なのです」という説明でした。

以来、私は、「11時半には終りますが、質問がある場合には、遠慮せずに発言して下さい。しかし、ご都合のある方はどうぞご自由にお帰りくださ い」と言うようにしています。さらに付け加えて、「留守番のご主人がお昼ご飯を待っているという方は、一度ぐらい『ドンベェ』があるでしょ！」と言ってみてはいかがでしょうか」と言いました。皆さんが大笑いし、「そうだ、そうだ」という声も出ました。「世話女房」は、きっと帰りづらい雰囲気になったことでしょう。以来、「ドンベェの三浦さん」などと冷やかす人が出てきました。

女性が納得したかは別として、「おれが外で稼ぐから、家のことはお前に頼む」というのが日本型性別役割分業の基本です。それゆえ、男の定年は「外で稼ぐ」という役割の終わりです。「家のことは、お前に頼む」という分業も終わります。

にもかかわらず、定年の夫が妻の家事を全く手伝わず、自分一人の昼飯すら作れない（作ろうとしない）のです。「そばに私が付いてなければ、何もできないこの人やから」と歌ってきた結果でしょう。

川柳には、「オレの金　オレの稼ぎだ　オレの家」とありました。春団治も、坂田三吉も、ヒット演歌の中に生き続けて、何人もの女の老後を支配しているのです。近年評判になった「主人在宅ストレス症候群（＊1）」も、「妻の病気の9割は夫がつくる（＊2）」にもヒット曲の「刷り込み」が影響しているはずです。

ヒット演歌の刷り込みに気づいて以来、ほかにも似たような歌詞があることに気がつきました。長山洋子が歌った「蒼月」では、「惚れた男の見る夢を一緒に見るのが女です」と歌っています。これも「惚れた女の見る夢を一緒に見るのが男です」と「逆」を歌った歌は未だ世間には出ていないでしょう。都はるみの「大阪しぐれ」では、「尽し足りない私が悪い」と男に去られた女が自分を責めて泣いています。東京ブルースでは、「泣いた女が馬鹿なのか、騙した男が悪いのか」と歌っています。「騙した男が悪い」に決まっているではないですか！

ヒット曲を聞きながら、歌いながら、男女共に、男主導の人生は当然、と受け入れていくのです。感性の多くは「慣れ」に依存します。ヒット曲は、目に見えないかたちで、人々が無意識なうちに、慣習的な女性差別を刷り込んでいくのです。一度慣習になってしまえば、人々は意識しなくなります。ヒット曲の差別メッセージは自覚されないまま感性や行動を律しているのです。「見えない抑圧」と呼ぶ所以です。

（＊1）主人在宅ストレス症候群、黒川順夫、双葉社、1993年

（＊2）妻の病気の9割は夫がつくる、石蔵文信、マキノ出版、2012年

19 「変わってしまった女」は演歌に出てくるか？

男女共同参画についての拙著のタイトルは、「変わってしまった女と変わりたくない男（学文社）」です。それゆえ、ヒット曲の中にも男女平等に目覚めた「変わってしまった女」の主張が反映されているはずだろうと思って調べています。「世は歌につれ」だからです。

探してみて、最初に目についたのは、かつて小泉首相が国会答弁に引用して知れ渡った「人生いろいろ」の最後の文句でした。島倉千代子の歌は次のように終わります。「人生いろいろ、男もいろいろ、女だっていろいろ咲き乱れるの（作詞：中山大三郎）」。辛うじて女性が、自己を主張し始めたということでしょうか？

「どうせ拾った恋だもの」（作詞　野村俊夫）というのを見つけました。「アンタもやっぱりおんなじ男」、「わたしは私で生きて行く」と歌っています。新しい女性像ではありませんが、開き直って微かに抵抗する女性の登場であったことは間違いないでしょう。

阿久悠が作詞し、山本リンダでヒットした「どうにも止まらない」の女性は、伝統をかなぐり捨てることを宣言しています。「ああ蝶になる、ああ花になる、恋した夜はあなた次第、ああ今夜だけ、ああ今夜だけ、もうどうにも止まらない」と叫んだのです。

今日、男女共同参画が国の指針にまでなっているのだから、他の作詞家の歌詞の中にも、少しは女性の自己主張を取り上げた、女性主導の演歌の歌詞があるはずだと思うのですが、未だ見つけられません。作詞家は、勉強不足なのか、時代の機運をつかみ取れていないのか、男性主導の時代がもう少し続くのでしょう。

20　女性の活躍を特記する社会
――「ママさんバレー」なら「パパさんゴルフ」か？

男主導社会の特性は女性の活躍を「特記する」ことです。「女には無理だというのも女です」という川柳を読みましたが、「女性の活躍を特記する」のは男で、その背景は、女性の挑戦者が未だ珍しいということです。

男性の社会的活躍は当たり前ですが、女性の活躍には「女流」とか「ママさん」とかの形容語をつけます。男を特記するのは、「男性料理教室」くらいのものでしょう！

また、スポーツや文化的な分野で抜きんでた活躍した女性のインタビューに際して、時に、質問者が子育てや手料理の腕前を聞いたりします。それは、「家のこともちゃんとやれ」ということを暗示しているように聞こえませんか？

結婚後の女性のスポーツには、「ママさんランナー」とか「ママさんバレー」と言うように、「ママさん」をくっつけます。男性には「パパさんゴルフ」とは言わないでしょう。「家事」、「育児」以外の女性の活動に、女性であることを強調するのは、極めて日本的な男性優位社会のメッセージのような気がしますがどうでしょうか？

女性の社会的参加や活躍の度合いを計った国際的な「ジェンダーギャップ指数」は、向上するどころか下落しています。３年前は１４４カ国中１０１位、２年前は、１１１位、今年は１１４位です。現政権は「女性の輝く社会」と言っていますが、国際調査は、「日本の女性は輝いていない」と言っているのです。「イクメン」とか「イク爺」のように男性の育児を特別視するのは、男が育児に関わる過渡期の現象として、仕方がないとしても、女は延々とやってきたことです。男の家事や育児を余り持ち上げるのは、女をバカにしていることにならないでしょうか？

「ゴミ出しは、してるよ」と胸を張る男に会いましたが、この程度のことで威張るのはやめにした方がいいでしょう。妻を亡くした爺さんなら誰でもやっていることです。一人暮らしになったら、家事万端を自分でやらねばならないのです。男が先に逝くとは限りません！　少しは、意識して準備した方がよいでしょう！　一人暮らしをしている筆者の感想です。

「ゴミ出し日、出さなきゃアンタが捨てられる」ですよ!!

21　「やっかみ文化」の厄介
――他者を否定することで自分を肯定する

「モラハラ」とか「フレネミー」などと新しい言葉を聞くとつくづく厄介な世の中だと思います。しかし、人間が人間である限り今に始まったことではないだろうとも思います。モラハラは、モラルハラスメントの短縮形で、相手を傷つける言動のこと、「フレネミー」とは友達（フレンド）で、かつまた、敵（エネミー）であるという厄介な「やっかみ関係」のことだそうです（＊）。

何度も書いてきたことですが、「耐性」が低ければ、些細なことで傷つきます。

傷つかないためには、「耐性」を養い、多少は「面の皮を厚くする」しかありません。また、自分が選択した生き方に自信があれば傷つきません。「私は私」、「オレはオレ」と思えるからです。「あなたはあなたでいけばよい」と思えれば、傷つくことも、傷つけることも避けられます。学校教育が流行らせた「自尊感情」とか「自己肯定感」とかにこだわるから、自己愛過敏症に陥るのです。相手も同じでしょう。他人を否定することで自分を肯定しようとするのです。

「隣の芝生の青さ」が許せないというのがやっかみ文化です。悲しいことですが、常にわれわれの周りにあり、われわれ自身の中にもあるものと思わねばなりません。中野信子氏が紹介している「シャーデンフロイデ」（他人を引き摺り下ろす快感）もその一つでしょう。脳内物質の「オキシトシン」が関係しているという説もあります。それゆえ、「ヒトは『いじめ』を止められない」とも言われています。（＊2）

たとえ、そういう説が本当だとしても、たかが脳内物質、日常の暮らしの「雑菌」と同じです。己を律して、他人を羨むことなく静かに暮らしている人はたくさんいます。抵抗力・免疫力さえあれば、手を洗い、うがいをするだけで「雑菌」はやり過ごすことができます。生き方や価値の選択は、選択しなかったものを排除・否定に繋がりやすいことは事実ですが、その人の主体性を確立します。自分の生き方が確固としていれば、「羨望」や「差別」は自制することができます。脳内物質のせいだとしても、差別やいじめは許されないのです。

人生は選ばなければ、自分らしく生きられませんが、選択しても否定しないことは可能です。小池都知事が発した「排除」という言葉には、人気絶頂であった彼女の驕りが見え、彼女の選択が「考えの違う」他者を否定したように聞こえたから、日本人が反発したのだと思います。

ユニークな精神分析論を書く岸田秀氏が次のように書いていることは注目に値するのではないでしょうか?

「ネコはネコであるというだけで生きていけるが、人間は他者との関係において、意味ある存在、価値ある存在、優越した存在、誇りを持てる存在であることを必要とする。(＊3)」要するに、自分より劣った存在を必要とするというのです。

（＊1）片田珠美、平気で他人を傷付ける人、（株）KADOKAWA、2015年
（＊2）中野信子氏には「シャーデンフロイデ」（幻冬社）や「ヒトは『いじめ』をやめられない」（小学館）などの著書があります。
（＊3）岸田　秀、ものぐさ精神分析、青土社、2014年、p.195

22　権利社会の副産物――「子ども大人」

（1）利己的で自己コントロールができない「子ども大人」が増えています

「子ども大人」は、権利主張が日常化し、己の欲求を声高にいう社会の副産物です。「自制心」と「耐性」を欠如している「子ども大人」の行動特性は身勝

手とわがままです。彼らは、自分の欲求の実現は権利だと思っているので、他人の権利や迷惑を考えず、傍若無人です。「子ども大人」から身を守り、自らの自由や安全を守るためには、日々の暮らしで、「子ども大人」を回避しなければなりません。ある人々を回避することは、それこそ「排除」に繋がりますが、彼らは、他の人々の安全や権利を平気で侵害しかねません。加害者の権利を守って、被害者が浮かばれないことは、近年のいじめ問題をみれば明らかです。一部人権の一方的な主張による他の人権の侵害、一部権利の一方的な主張による他の権利の侵害は起こり得るのです。

その種の人々からの自衛の回避は許されるべきでしょう！　家族や自分を守るためには、できるだけ彼らを避けて、近寄らないことが賢明です。

意図的に彼らを回避することは、差別の一種に違いありませんが、自分が傷つけられないための自衛の行動ですから、このような回避行動は許されなければなりません。集団の中に大人子どもがいたら、ただちにその集団を離れること、恋人なら別れること、夫婦になってしまった場合は、不運としか言いようがありませんが、あまり我慢をせずに、離婚を考えるべきでしょう。大人子どもと暮らすストレスは、早晩、あなたを心身症にしてしまいますから……。

すでに大人になってしまった彼らを変えようとか、注意しようとか考えることは危険です。彼らは、自分は絶対に正しいと信じ、他者の批判を受け入れず、切れやすいのです。彼らは、片田氏が言う通り、彼らは「平気で人を傷つける」のです。「ストレスは仕事じゃないの　あんたなの」とはこれらの人々のことを言うのでしょう!!　彼らを回避することは、自衛措置なのです。

人権問題や差別の問題は、基本的に他者を傷つけないことに重点を置いて論じられますが、大事なことは自分も傷ついてはならないのです。加害者にも被害者にもならないことが肝要です。

半人前の子どもにまで大人と同じ権利を、と叫ぶ時代には、権利やわがままが「一人歩き」をします。特に、人権と私権を混同（＊）している日本社会では、子ども時代に厳しく社会的なしつけを受けてこない子どもがそのまま大人になるケースが増えています。彼らが「子ども大人」です。子どものメンタリティしか持たず、歳をとって身体だけが大きくなった人間です。彼らは、欲求が肥大し、自制心を仕つけられ損なった大人です。「子ども大人」は、権利社会の副産物です。彼らは、自己中で、自分の権利を声高に叫ぶだけでなく、平気で他人の権利を侵害します。彼らがクレーマーの代表であり、ストーカーや迷惑行為の首謀者です。

（＊）「人権」とは国家権力に対する市民の自由と平等の主張であり、「私権」とは、個々人の欲求に基づく権利の主張です。

（2） しつけと教育の失敗作

「子ども大人」の第1の特徴は、甘やかされ、自我が肥大化した子どものまま大きくなり、規範を身につけていません。甘やかしは、子どもを「宝」とする「子宝の風土」の風土病です。しかも、悪いことに、戦後教育は、占領軍の指導もあって、アメリカ流の「児童中心主義」教育思想が学校教育に導入されました。「子宝の風土」も「児童中心主義」も、基本は子ども第1主義です。それゆえ、両者の合体は、子どもの甘やかしに輪をかけました。子どもが「宝」で、子どもが「中心」だとすれば、誰もが、子どもの欲求を叶えることはよいことであると錯覚します。結果的に、「子どもの目線」だけが重視され、「社会の目線」でものを言う人がいなくなります。家庭も学校も腫れ物に触るように子どもを甘やかし、しつけも不十分になるのです。

戦後教育は、欧米流の「児童中心主義」によって、世間も学校も、子どもが「半人前」であると言うことができなくなりました。近年では、子どもの言い分を子どもの権利だという人々まで登場し、「わがままな子ども」、「嫌がる子ども」、「逃げる子ども」の言い分が通るようになりました。世間はもちろん、家族までが、すでに子どものしつけに自信を失い、近隣の大人も子どもの無礼を叱ることができなくなっています。かくして先生や近隣指導者が第3者の「守役」であった時代の鍛練は崩壊しました。

子どもを「宝」とするとは、子ども第1主義です。児童中心主義は、文字通り、「子ども優先」です。「子どもが一番」であるとする風土と「子どもを優先」する教育思想が重なれば、子どもの欲求が最優先されます。子宝の風土は、子どもの欲求をかなえることが保護者の務めであると勘違いします。児童中心主義の下では、先生や指導者が中心ではなくなります。それゆえ、ある部分では過剰に「保護的」になり、別の部分では、過剰に子どもの言い分を受容する「放任」になります。

子育てにおける過保護と放任の同時存在は、子どもの自我を肥大させます。さらに、社会や学校が、子どもの「人権」を言うようになってから、「子どもの意志」は「子どもの人権」であるという錯覚が起こりました。子どもが、「きつい」、「やだ」、「やりたくない」、「おもしろくない」と言う時、誰もが、子どもの言いなりになるようになりました。子どもの意志を尊重しないことは、子どもの人権を侵すことであると考えれば、当然、そうなります。かくして、鍛練は崩壊し、多くの子どもが言いたい放題、やりたい放題に育つようになったのです。「子ども大人」はしつけと教育の失敗の結果です。

（3）耐える力も実力もつかない

欲求を受容されて育った子どもの特徴は、耐性も実力も不足することです。快楽原則そのままに、辛さに耐える修行が足りていないので、がまんする力も、実力もついていません。

さらに危険なのは、実力がついていないのに、自尊感情や自己肯定を教えているので、プライドだけは高いのです。自尊や自己肯定だけを教えれば、子どもは、「自分は今のままでいいんだ」と思い込み、時に、「自分は凄いんだ」とさえ思い込みます。諏訪哲二氏が「オレ様化する子ども」と呼んだ通りです（＊1）。もはや、「自己否定」や「自己反省」は誰も口にしなくなりました。

それゆえ、「子ども大人」の特徴は、「耐性」の不足に加えて、「自己過信」と「実力不足」です。家庭や学校にいる間は、彼らの「うぬぼれ」が守られていても、世間では「実力不足」は通用しません。彼らは世間をなめているから、簡単に挫折や失敗をします。その結果、彼らの取る行動は、責任転嫁と逃避です。世間が悪いと主張する者は攻撃的になり、世間を恐怖するものは、逃避してひきこもりになります。態度は正反対のように見えますが、両方とも実力と耐性を欠如した「子ども大人」です（＊2）。

（＊1）諏訪哲二、オレ様化する子どもたち、中央公論新書、２００５年
（＊2）拙著、不登校を直す、ひきこもりを救う、日本地域社会研究所、平成29年

23　加害者と被害者の権利を同等に認めてはならない

「子ども大人」の特性は、他者を顧みる社会性を仕つけられていないことです。だから、最大の特徴は、「自己中心性」です。自分だけは正しいと思い込んでいます。批判や反対意見には逆上することもあります。ＤＶのような暴力男もその類いでしょう。自己都合優先で、「人の迷惑を考えない」のも自己中心の

特性です。集団行動や組織のルールを無視し、暴言や暴力も頻発します。最近のストーカー行為の頻発も恐らく同根の人々の仕業です。つらいことですが、彼らの暴走を止めるためには、警察権力に頼って法と秩序を守ってもらうしか方法がなくなっています。

自らの違法駐車を指摘されたことに腹を立て、あおり運転や追い越しの危険運転でご夫婦を追い回し、最後は死に至らしめた人物などがその典型です。日本社会は、他者の権利を侵害するものは、己の権利も失うと考えるべきです。それができなければ、多くの善意の人が安全や命の危険にさらされ、社会の秩序が脅かされることになります。

マスコミ報道などでも、被害者の名前や顔写真を出しながら、加害者については人権の名において伏せるなど理解に苦しむことが多い日本社会です。被害者の権利こそ加害者以上に守られなければならないのではないでしょうか？

24　なぜ女性だけが化粧するのか？

人間社会では、一般的に女性は男性から眺められる存在です。もちろん、少数の例外はあり、眺められる立場の男性もいます。「眺める」「眺めない」という関係は、当然、男女の社会的地位が関係しています。「ながめる」男性側が、力をもち、主導権を握っているといってよいでしょう。

女性の化粧の背景には、女性は美しくあるべきだという男性の側の要請があると考えられます。歓楽街が象徴するように、男性優位の社会では、女性性は商品化されていると言っても過言ではありません。もちろん、男女同権が進んで「ホストクラブ」のような男性性の商品化も世の中に現われました。女性が力を持つようになるとともに、男性化粧品が店頭に並ぶようになりました。

両性の化粧には、あまり人々は自覚していないでしょうが、男女の同権に関する意識が反映されているのです。女性の化粧には、男社会の優位性が反映され、男性化粧品には女性の社会参画と自立の意志が反映されています。

中身と見かけでは中身が大事だとほとんどの人が言います。しかし、現実には、中身以上に、容姿や美貌を資源とする職業は存在します。それゆえに、「ブス」や「でぶ」や「はげ」や「短足」は、時に、暗黙のうちに、時に、「お笑い」の対象として差別されるのです。

容姿やみかけで差別するなと言っておいて、容姿や若さがものを言うモデル業のような職業に憧れるのは、「ダブルスタンダード」でしょう。誰も、美男美女への憧れを差別だとは言いませんが、憧れは、憧れの対象とならない人を排除するのです。憧れもまたどこかに差別意識を含まざるを得ないのです。日本人もあまりきれいごとは言えないですね！

25 「選ぶ権利って危険よ！」

美智子「忘年会どうだった？」

多恵「あなたこなかったわね。今年はみんなよく働いたから、盛り上がったわよ！」
美智子「残念だったわ。里の父の具合いが悪かったので、看病に行っていたのよ」
多恵「あなたはやさしいのよ。経理課の吉田さんが、あなたみたいな人が好きだって言っていたわ！」
美智子「やだぁ！　あの暗い人でしょ!!」
多恵「一度話してみたら？　真面目で思慮深い人だったわよ！　見かけだけで判断したら駄目よ。調子のいい男たちよりよほど良いって思ったわ」
美智子「だったらあなたが付き合ってみたら！」
多恵「独身だったらそうするわ！」
美智子「まあ、本気で言ってるの？　あの人、暗い上にメタボでしょ!!　私にだって選ぶ権利はあるわ!!」
多恵「そういう言い方は危険よ！　よい人を遠ざけてしまうわよ!!　メタボ

だって食事と運動に気をつければ治せるものでしょう!!」
美智子「危険って、どういうこと？」
多恵「だって選ぶ権利って、拒否する権利のことよ。見かけだけで拒否するのは、差別に近いわ。良い人はそういう態度に敏感だから、逃がすわよ。結婚は一生の問題よ」
美智子「私、差別する気なんてないわ！　明るい人が良いって言ってるだけよ!!」
多恵「でも、吉田さんのことなんにも知らないでしょ？」
美智子「だって、付き合ったことないもの！」
多恵「だから知らないのに見かけだけで判断しては駄目なの！」
美智子「それはそうだけど。でも印象って大事でしょう？」
多恵「印象で決めつけるということは、見かけで選ぶことよ。結果的に見かけで差別することになるの！」
美智子「……………」

多恵「あなたには軽薄なところがないって、吉田さん言ってたわよ！　見てる人は見てるのよ!!」
美智子「選ぶ権利って、生意気なんだ!!　さすがに既婚者は大人ね!!」
多恵「一緒に暮らしてみると、人はうわべでは解らないってだんだん分かるのよ！　気をつけて！」

26　過疎による地域崩壊は生存権の問題ではないのか？

(1)　地方創生の失敗

鳴り物入りで始まった地方創生もさしたる効果を上げているようには見えません。過疎が高じて、限界集落が多発し、地域崩壊が始まっていることは各地から指摘されています。政治はそこに住んでいる人の生活をどう守るのでしょうか？　政治や行政にとって、限界集落の問題は人権問題（生存権問題）ではないのでしょうか？　日本国憲法第25条は次のようにうたっています。

「すべて国民は、健康で文化的な最低限度の生活を営む権利を有する」

憲法は、他の法律と違って、国家のあり方や国民に対する義務をうたっています。それゆえ、憲法にうたわれている、ということは国家がこの条項を保障する義務を負っているということです。

消滅自治体が９００近くも出る（正確には８９６）と予測されている現状で、「地方創生」はかけ声だけで、過疎の深刻化は止まりません。スーパーも、銀行も、郵便局も、診療所も、ガソリンスタンドさえ、引き上げれば、地域から通常の生活サービスの拠点が消えます。「健康で文化的な生活」の基準は、相対的なもので、他地域との比較で変動します。

日常の生活の利便性が行き詰まれば、生活基盤が崩壊し、医療から遠くなり、万一の時には生存が危うくなります。当然、第25条の保障はできなくなります。ゆえに、地方創生の危機は憲法第25条の危機です。まさか、「引っ越せばよい」とか「そこに住み続けるのが悪い」、とは言わないでしょうね!!

(2) 過疎問題の核心は人口減少と少子化です

国土の均衡発展は、資源がなくても、優れたリーダーがいなくてもできるような方法をとらなければ達成できません。過疎問題の核心は人口減少と少子化が止められない結果です。消滅自治体問題は、すでに個別自治体の対応能力を超えているのです。

人口の急減を抑えて、国土の均衡発展を保つためには、田舎と都市の同盟を可能にする強力な政策が不可欠です。強力な政策と言っても、憲法が居住の自由を保障している条件下で、移住の強制はできません。企業の地方移転も同じことです。

それゆえ、この「政策」のカギは、「大人」や「企業組織」ではなく、「子ども」です。日本は「子宝」の国であり、日本人は子どもで繋がり、日本の未来も子どもで繋がっているのです。子どもの未来を豊かにする政策であれば、国民は納得してくれるはずです。

居住の自由がある以上、地方に人口を移住させようとするあらゆる方法は、時間も、お金もかかり過ぎます。さらに、地方における人口減少問題は地方に雇用機会があるかないかの問題だけではありません。現代の企業も、日本人も、圧倒的に都市の「文化」、「効率性」、「利便性」、「自由とにぎわい」が好きなのです。今や「コンビニ」のないところに行きたがらないのです。地方から、多くの大学生が都会をめざし、田舎に引っ越した大学のほとんどは失敗したではないですか！　居住の自由を保障し、自由選択を保障すれば、企業も人も都市部に集中します。文明の「快適さ」と「活力」は間違いなく都市にあるのです。

(3) 失敗の実例

これまで家賃を「ただ」にしてくれるという町もありました。「牛1頭」をくれるという町までありました。それでも都市から地方への人口移動はほとんど起こらなかったのです!! 法人税を減税しても、企業は従業員の賛同は得られないのです。愚かな文科省が学校をつぶしている地方に移住する子育て世代はいないからです。

Iターンや U ターンと言われる人々も、大事な方々ですが、地方の主要都市にしか戻っていません。限界集落を抱えるような過疎地では、現役世代が生活できる条件は極めて難しいのです。それゆえ、地方に「定住人口」を増やすという考え方で、過疎化と高齢化の同時進行という問題は解決しません。

また、政府は近年「ふるさと納税制度」に力を入れ始めました。しかし、これも「地方からのお返し」などがうまく機能している市町村もありますが、うまくいっていない市町村の方が多いのです。

ふるさと納税が成功したとしても、当該自治体の税収増が確保されるだけで、肝心の人口減少も、少子化も解決できません。起業でもふるさと納税でも、少数の自治体の成功モデルに踊らされたら、地方創生の全体構想はうまくいかないのです。

(4) 解決策は義務教育の分散授業による「交流人口」の創出

過疎化の本質が人口問題であり、定住型の人口移動が困難である現状を踏まえれば、解決策は「交流人口」を増やすしかありません。それも、これまでのように観光やイベントで頑張る特定地域に補助金で手当てするようなやり方では機能しません。国土の均衡発展は、自治体や地域を選別してはならないのです。

特別な資源がなくても、特別なリーダーがいなくても、地方が発展できる方法をとらなければなりません。頑張っている自治体も、頑張れていない自治体も支援しなければ、全体の均衡はとれません。

それゆえ、観光産業のような気まぐれで、不定期な「交流人口」では、国土の均衡発展を進めることにはなりません。季節を問わず、恒常的に一定の交流人口を保つには、義務教育学校の地方分散授業を制度化するしか方法はないのです。

この発想は、昭和50年代の初期に、二つの名称で、ほぼ同時期に生まれました。ちょうどその頃、過疎や過密の問題が表面化し、子どもの過保護や欠損体験の問題が表面化してきたからです。その頃から、過疎地の教育行政は「山村留学」制度を細々と実施するようになりました。また、国土庁は、首都圏の過密を解消する手段として、「セカンドスクール構想」を提案し、実証的研究に着手しました。しかし、どちらも人口の都市集中を正す優れたアイディアでしたが、当時の政治が取り上げず、日本の均衡発展をめざす政策にはなりませんでした。

当時も、今も、教育行政を担当する文科省には、国土の均衡発展をめざす発想はありません。また、当時の国土庁には、文部省との連携はなく、教育プログラムの実施を通して過疎・過密の解消を図るという方法を理解する政治の応援もありませんでした。山村留学も、セカンドスクール構想も、縦割り行政の袋小路の中で不発に終わりました。

ここまで過疎問題が深刻化した今、人口のアンバランスを解消できない限り、過疎地の経済も雇用も刻々と崩壊していきます。もちろん生活サービスも消滅します。

国家は、過疎地に残された人々の生活保障をどうするのかということになるのは必然です。すでに、人口の半数以上が高齢化した集落の数は1万を超えました。過疎問題が行き着くところは、「生存権」に関わる人権問題です。

鳥獣の害も増える一方で、耕作放棄地が増え続ければ、国土は荒れます。「イノシシが妻に似ていて撃てません」という猟友会の川柳も読みました。

(5) 義務教育学校の地方分散授業の制度化の3つの特性(＊)

学校を使う方法には、3つの重要な意味があります。

第1は、均一の時間で、均一の方法で全地方に適用できるということです。

都市に人口が集中しているということは、都会の学校は数が多いということです。どの都市とどの田舎が組むかは、地方の事情と経費を考えて決めればいいことです。

第2は、どの地方にも、恒常的交流人口を創造して、雇用と経済の歯車を回すことができるようになります。四季を通して数百人の子どもが逗留することになれば、受け入れ自治体の責任は重大です。給食から警備まで万全を期さなければなりませんから、社会・経済効果は確実に高まります。

第3は、現行義務教育の内容・方法の抜本的刷新が可能になります。

もちろん、国民の賛同を得るためには、均衡発展の重要性を都市住民に懇切に説明する必要があります。また、地方に留学する子どもに対しても、付き添いの教員に対しても、受け入れる地方に対しても相応の「優遇措置」は必要になると思います。

子宝の風土は、何よりも安全・安心・子どもの成長を切望しています。その思いが地域の雇用と経済を回し、教育の刷新を成し遂げるのです。教育分野では、地方創生の特命大臣が、国会審議で土屋議員にお答えの通り、地方授業の工夫次第で、「教師も変わる、子どもたちも変わる、地方も変わる」のです。
一定期間親元を離せば、成長期の子どもは、見聞を広め、自然の中で、自立のトレーニングを受けることができます。親元から離している間の「学童保育」は、保育の全過程が公共事業となり、「養育の社会化」（＊２）モデルとなります。このモデルをきっかけに、全国で養育の社会化が進めば、女性だけに偏ってきた心身両面の子育て負担が緩和され、必ず少子化が止まります。「分散授業」も、「養育の社会化」も、それぞれの中身と方法は、各分野の賢い人々の意見を聞けばいいのです。結論は「恒常的交流人口の創出なくして地方創成なし」です。

（＊）拙著、「消滅自治体」は都会の子が救う、日本地域社会研究所、２０１５年、PP.24〜26

27 「協調」を説く文化が個性尊重を掲げて大丈夫だろうか？

（1） 集団は固まりやすい、固まれば異質を排除する

どう見ても日本社会は、個性より協調性を大事にします。「横並び」、「人並み」、「みんな一緒」が大事な文化で、「個性」を強調することは、排除や差別を誘発することにならないでしょうか？

経済がグローバル化したからといって、文化は簡単には変わりません。生産や取引の方法が国際基準になっても、私たちの感情や日々の生活は、まだまだ日本基準です。「和魂洋才」は、形を変えて未だ生きています。日本社会は経済における国際関係だけを国際基準にしたのであって、企業のあり方も、暮らし方も多くの点で日本基準です。終身雇用や企業家族、集団主義などはそのようにして守られてきました。それゆえ、契約制や非正規労働を一気に取り入れたことは重大な間違いでした。物心両面の「格差」はそのようにして発生した

のです。

また、生活における個人主義や個性主義は欧米の文化であって、日本人が急に真似ようとして、無理な模倣を強行すれば、人間関係にひずみを生みます。近年の教育界は、その無理を強行してきました。学校のいじめはそのひずみにあたるのではないでしょうか？

（2） 集団は統一と団結を求めます

日本社会に限りませんが、どの集団も、一定の目標、規範、規律への「同調」を求めます。メンバーが一定の方向を向いてまとまらなければ、集団は集団であり得ないからです。集団がまとまるためには、共通点・一致点のような斉一性が求められるのです。もちろん、それぞれの文化によって、共通性の求め方の程度は異なっています。「アラブの砂は固く握れ」ということわざは、個々のメンバーが誇り高く、自由を強調する社会では、集団のまとまりをつくることが難しいということでしょう。

反対に、日本社会の集団は、「内」ですぐ固まります。日本文化は、内と外を峻別し、際限なく内部分裂を繰り返し、派閥やセクトを発生させるのです。「内」なる集団の団結と連帯は断然強いのですが、外（よそ者）に対しては冷たく、差別的になります。日本の集団は、身内、組み内、仲間内、同一地域、同一職場、最後に「同じ日本人」という同質性で固まっていきます。この「同質性」に反するものは、内から外へはじき出されます。また、始めは「内」であっても、「内」の基準に著しく反するものは、罰としての「村八分」で仲間はずれにされます。子どもから大人まで「仲間はずれ」の罰が共通しているところがまさに「内向き」文化の特性です。

日本型集団の一番外に位置する人々が、「外人」であり、部落差別で「非人」と呼ばれ、冷遇されてきた人々です。「内」を特別視して、身内を愛する文化は、「よそ者」を嫌って、排除・差別します。

内と外を峻別する文化は、内に対して一致・同調を求める特性が一段と強くなります。成員の一致・同調が集団の凝集性に直結するからです。

(3) 個性尊重教育の危険性

日本型集団は、集団になじまないものを必然的に「排除」するのです。メンバーが一番恐れるのも集団から排除されることです。日本社会のいじめの原因は集団の凝集性を守るというところにあります。

欧米の真似をして、個性尊重の理念を導入しても、集団は、他のメンバーと異なるものを、その個性の故に排除するのです。個性とは、「異質性」、「突出」、「同調の拒否」を意味しているからです。日本社会が欧米流のエリートを育てなかったのも、「異質」と「突出」を嫌ったからです。「出る杭を打つ」のは、「人並み」・「協調文化」の特質です。日本人は集団で頑張ることは得意ですが、特定の個人が突出して頑張ることは嫌いで、許せないのです。成功者が「みんなのお陰」を連発するのも、集団から嫌われたくないからです。日本人は、お互い仲良く暮らしてさえいければ、ドングリの背比べでも、ノーベル賞が取れなくても、集団で力を発揮できるのです。

(4) 水利共同文化の基本原則

日本文化は、農耕文化で、何にも増して、水利共同文化です。そういう社会は、村内が「水の共同利用」という同一条件の下で作物を作るので、ますます「ぬけがけ」を嫌い、「協調性」を大事にします。近隣の水利共同の合意が成立するまで、多くの村で「水争い」が起こったことは歴史が証明しています。

一方、狩猟や牧畜の文化は、環境と獲物に応じて、多種・多様な戦略・戦術を必要とします。生きる糧を得るためには、遠征や移動も不可欠です。自然環境に応じた生活様式や発想の多様性は当然許容されなければなりません。「協調」よりも「競争」が先であり、「共同」よりも「自由」を重んじたのです。狩猟や牧畜の比重が高かった西洋文化が一段と「自由」や「多様性」を強調するのは、工夫と創造のためだと思われます。

日本のような水利共同の農耕文化では、自由や才能がなくても見よう見まねで作物は作れます。逆に、自由に発想しなければ、狩りも牧畜も豊かな生産性は上げられません。自由も、個性も、原理的に自然環境と戦う文化の特性であって、自然と共生する農耕文化の特性ではありません。

農耕文化では、優れた百姓がひとり居れば、「隣百姓」といって、その人の真似をするだけで作物はよく育つのです。

(5) 経済に引きずられた教育の矛盾

国際化にともなって、学校が個性を強調するようになりましたが、個性とは、「独自性」、他との「異質性」を特徴とします。ところが、日本文化は未だに、学校生活から日々の暮らしまで、みんな一緒の横並びを要求しています。

最近になって、経済活動のグローバル化にともなう、「国際基準」に注目して、教育界が個人主義の欧米文化に合わせようとするのは、日本文化として、何たる矛盾でしょうか！　教育行政はもちろん、「学習指導要領」にみるように、カリキュラムも学校組織も、教員集団も、極めて画一的です。にもかかわらず、学校が個性を強調するのは文化の自己否定・自己矛盾です。個々の教員は、自分自身が個性的になれているでしょうか？　同じ方向に学級集団をまとめようとしながら、同時に児童生徒に個性尊重を説くのは、自己矛盾に陥らないでしょうか？　文化は、集団の連帯と協調を説いているのに、学校だけが個性を推奨することは、「排除」と「いじめ」を勧めているようなものです。「個性」とは、「独自性」・「異質」の別名であり、日本文化は異質を嫌うのです。

昨今のいじめ問題をとっても、「いじめられっ子」は「ウザイ」とか「きもい」と言われて、全体から浮いています。あるいは「浮かされて」います。浮いているということは、何処かが違っているということであり、浮かされているというのは、「誰々のどこが変だ」というように加害者が「違い」を創作しているということです。異質を創り出して、いじめっ子集団の「団結」を固めているのです。要するに、「異質性」は、集団の「同質性」・「凝集性」と相容れず、時に、「異質」を敵とすることによって、集団を固めるのに利用しているのです。

人並み文化は「人並み」からはずれたものに対して寛容ではありません。人並み文化の中で、個性を強調すればするほど、いじめや仲間はずれは頻発すると言わなければなりません。学校教育が、「個性尊重」を唱えたところで、到底、文化には勝てません。まして、唱えている本人が個性的でないのに、どうして子ども集団が個性の価値を理解するでしょうか？

同質性を重んじる日本文化において、学校だけが先走って個性という異質性を注入することは、いじめや差別を助長することに繋がります。

経済がどんなにグローバル化しても、日本はゆっくり外部環境に適応していくほかはないのです。教育界は、「協調性・人並み」を重んじる文化と個性尊重は矛盾することが多いのだということに気づかなければなりません。

日本社会は、かつての戦争から経済バブルまで、「一億火の玉」でやってきたのです。日本社会が目的遂行に集中した時、「異を唱えるもの」は「国賊」になりかねませんでした。

平和になっても、ブランド好きのファッションから、受験戦争まで、みんな同じ方向を向いて、同質と同調を求めているのです。何万年もの長い時間の積み重ねで創ってきた農耕文化はそう簡単には変わりません。ましてや日本は島国です。異文化と切磋琢磨した経験はほとんどないのです。文明の利点を取り入れた生活様式が西洋化しても、経済の仕組みをグローバル化しても、日本人は西洋人にはなれないでしょう。

最近では誰も「和魂洋才」を言わなくなりましたが、日本文化は、今も「和魂洋才」です。「個人」より「集団」、「個性」より「協調性」、「競争」ではなく「団結」を重んじるのです。聖徳太子の17条憲法以来、「和をもって尊しと為す」は変わらないのです。

国際経済の時代に生きるようになって、自由と多様性が重視されるようになりました。従来の集団主義だけでは、副作用が色々出てくるでしょうが、日本は日本流に、徐々に世界と折り合いをつけて、「みんな一緒」に進むしかありません。「みんな一緒」は、時に、退屈で、窮屈ですが、平和で、安全で、災害時には連帯と団結で、他の文化に負けない威力を発揮するのです。ノーベル賞のような個人戦では勝てないかもしれませんが、団体戦になれば、団結とチームワークが力を発揮することは、日本の近代化と戦後の復興で、すでに証明済みです。

資本主義も、自由主義も「競争」を原理としますが、日本社会は、個人間の競争ではなく、集団間の競争を発明してきました。

内向きの集団主義には、セクト主義や派閥の弊害が生じますが、だからといって、日本人を個人に分解したら、現状のような、いじめ、格差、差別、孤立などが発生するのです。われわれは日本文化の中で、多少窮屈でも、集団でまとまって、上手に世界と付き合って、暮らしていくしかないのではないでしょうか？

28 いじめの加害調査はなぜ進まないのか
――「人権」の前に物言えない日本人

(1) 「人権」の一人歩き

「人権」教育を学校が取り上げるようになって以来、日本社会は二言めには人権を持ち出します。今や「人権」は、水戸黄門の印籠のようなものになりました。人権という「印籠」の前には、世間はもとより、被害者までが沈黙しています。「人権」という言葉が、時に、加害者を守り、被害者の権利を侵害しているのです。おかしくはないでしょうか？

第1の疑問は、なぜ「権利」といわないで、「人権」というのでしょうか？加害と被害がハッキリしているとすれば、加害者は被害者の権利を侵しているのです。私権が人権に等値されて以来、被害者が沈黙を強いられる事態を何度も見聞しました。私権はいつから人権になったのでしょうか？

（2）被害者の権利と加害者の権利

加害者の「私権」がなぜそれほどに大事なのか？　何で被害者と加害者の権利が同じなのでしょうか？　犯罪者に対する刑罰の原理が示すように、「加害」の時点で、加害者の権利は制限されるべきです。加害者にも「人権がある」と言って、加害の事実がハッキリしている場合ですら、被害者の名前や顔写真を公表しながら、加害者の名前を報道しないのはなぜなのでしょうか？　加害者は他者の権利を侵害したのです。他者の権利を侵害した時点で、自分の権利は制約されるのが当然ではないのでしょうか？　刑罰の原点は、社会が被害者になりかわって、加害者の権利を制約できるという一点です。

学校のいじめは、被害者以外の子どもの「人権」を理由に加害者の調査が思うように進まないのが常ですが、誰もおかしいとは思わないのでしょうか？学校は、被害者を救済するために、他の子どもに、「多少の不便や不愉快は我慢して下さい」とは言えないのでしょうか？　結果的に、「人権」という言葉の一人歩きが被害者の私権を侵害し、加害者を庇うことになっているのです。

(3) 被害者の悲しみを忘れている

平和な民主主義社会では、構成員の権利は平等です。誰かが他者の人権を侵害したことが明らかになった時点で、被害者を救済し、加害者を罰するため、被害者以外のわれわれは協力する義務を負っています。もちろん、学校は警察ではないので、思い切った調査ができないことは当然ですが、いじめが被害者の死に関わっているかもしれないと思われた時点で、警察への依頼または協力を要請すべきではないのでしょうか? 調査の段階で、加害者にも人権があるなどという発想は、学校の責任逃れであり、加害者を庇うことになります。

いじめの疑いが生じて、直に調査に入らないことは、何よりも被害者の悲しみを忘れ、その権利を冒涜しているのです。他者の権利を踏みにじったものは、その段階で自らの権利は制約されるのは当然です。社会における刑罰の制度は、このことを全構成員が納得しているから、成り立っているのです。筆者は、法律の専門家ではありませんが、「刑罰」とは、加害者の権利の制約であることぐらいは解ります。刑罰は、被害者になりかわって、社会が加害者を罰することです。それが成り立たなかったら、社会は「復讐」を認めなければなりません。社会が被害者を守ることができず、加害者を放置しているから、いじめの被害で子どもを失った親は、「泣き寝入り」をしています。いずれ誰かが「復讐」を考えてもおかしくないでしょう。

刑法に代表される社会的罰則は、犯罪加害者の「私権」を制約する約束事です。いじめや校内暴力に関する限り、学校は、被害者を十分守れていないことは多くの事例で明白です。被害者を救済するための事後調査すらもきちんとやらない学校を放置している日本社会もまた、どこかでいじめに加担していると言わなければなりません。セクハラやパワハラが犯罪になったように、被害者が死に至るようないじめもまた犯罪として考えるべきです。加害者の権利を守ろうとする学校の人権概念の解釈は誠に理解に苦しみます。

（4）「加害者」と「被害者」は対等ではない

教育の分野で仕事をしてきた筆者の人命観は、医学の分野の方々の人間の見方と、一点で根本的に異なります。教育は常に、成長や進化を前程としています。したがって、「あるべき命」を問題にし、生きる「目的」や「目標」から離れることはできません。「加害者」と「被害者」、「悪人」と「善人」では、生きる権利も当然異なると考えています。

これに対して、医療の分野の人々は、人命の尊厳に立脚し、「あるがままの命」を受け入れる原理に立っています。ゆえに、原則として、生きる権利も、命の軽重も問いません。「悪人また往生」、と説いた宗教も同じで、命の平等を説いています。

筆者はそういう立場には立ちません。報道で聞く、身勝手で、残忍なストーカーや殺人者などは許せないのです。ゆえに、死刑制度の存続に賛成であり、重大犯罪者の処罰は、もっと厳しくてもいいと考えています。もちろん、刑罰を厳しくする分、えん罪や誤審を恐れ、最大の関心を払うべきだと考えています。

もし、「命」が平等の価値であるというのならば、医者にとって、他者の命を己の慾のために奪うことは許されないはずではないでしょうか？　医者に限ったことではありませんが、「生きる権利」の軽重を真剣に論じないことが、権利論の致命的欠陥だと思います。

いじめ問題一つをとっても、加害者の権利と被害者の権利を同等に扱ってはならないのです。被害者をきちんと守らないから、いじめは根絶できないのです。加害者の権利を持ち出すから、いつも調査が出遅れ、きちんとした調査ができず、加害の実態が曖昧になり、罰則の適用もいい加減になるのです。加害に関係のない人々も、被害者を守るためには多少の不快さは我慢すべきでしょう。

人権教育とは被害者の人権を優先することでなければなりません。「いじめられて自殺にまで追い込まれる子ども」と「いじめた側」の権利を同等に扱うから、教育界は子どもに明快な教育指導ができないのです。学校は、なぜ、「人が嫌がることはするな！」「いじめは許さない！」「いじめっ子は厳罰に処する！」と言明できないのでしょうか？　このような明確・単純なメッセージが子どもに届いていないから、抑止力が働かないのです。「大人社会にもいじめがあるのだから、仕方がない」などと悠長なことを言っていないで、「いじめたらただでは済まさない」という「気」を学校に満たすのです。抑止する「気」が漂っていれば、子どもは分かるのです。子どもだから分かるのです。「ならぬことはならぬこと」（会津藩什の掟）だからです。

他者の権利をないがしろにした時点で、加害者は自分の権利の多くを失うのです。投獄や死刑を認めている刑法の発想は、被害者の無念を思い、被害者が失ったものに同情を禁じ得ないということが出発点です。

「徳」を説いた孔子でさえ、「直きをもって恨みに報い、徳をもって徳に報ゆ」と言い、「悲しみ、うらみは被害者のもの、被害者の感情を忘れるな」と言っています。それゆえ、加害に関係のないものも、多少の不便や不快に耐えて、捜査に協力しているのです。加害者は、加害の時点で、生きる権利の多くを失うということです。教育界は、被害を被った子どもを前にして、加害者の権利などということを口にしてはいけないのです。

29　基準の相対性――「みんなで渡れば、こわくない」

日本人の生きる基準は相対的な人間関係に依存しています。日本社会の規範や行動基準は、長い間、狭い仲間内の人間関係によって決められていました。村の掟や、武家のしきたりは、明治になるまで、日本人共通の行動規範になったことはありませんでした。明治以降、日本国が国際社会にデビューして、徐々に統一的な「日本基準」ができてきました。やがて、経済のグローバル化とともに、「国際基準」に合わせようという動きも出てきました。しかし、長年の「仲間中心」文化はそうやすやすとは変わりません。

わたしたちの暮らしでは、仲間基準の代表が「義理」や「付き合い」です。

時代劇や任侠映画を見ているとそのことがよく分かります。これらに登場する多くの主人公は、世間の規範とは異なる仲間の掟で生きています。世間と違うからこそ、「一人ぐらいはこういうバカがいなきゃ世間の眼は覚めぬ」（兄弟仁義）と誇らしく歌うのです。

ルース・ベネディクトによる日本人研究の「恥の文化」論は、恥の感情が仲間である対人関係で決まることを指摘しています。日本人の多くは、自分の中に確固たる基準がある訳ではなく、キリスト教文化やイスラム教文化のように宗教が説く倫理基準に従っている訳でもありません！

私たちの「恥」の意識は、「仲間文化」の基準に対する恥です。仲間の評価に対する自分の反応です。それゆえ、仲間と認識する他人がいなければ、恥を感じることも少なくて済むのです。

日々の暮らしを離れて、旅に出れば、仲間集団から離れます。だから、「旅の恥はかき捨てる」ことができるのです。気配りや恩返しの意識も、仲間集団における他者の存在を前程として発生します。日本人ほど、仲間の人間関係を気にして生きている人々はいないのではないでしょうか！　「恥の文化」とは「仲間に気を配る文化」です。仲間への義理を欠かさず、空気を読み、気を配って生きているということは、仲間第一の生き方です。こうした文化を裏側から見れば、仲間以外には気を使わないということになります。日本人の迷惑行為や差別意識が発生するのは、「仲間ではない」と感じた人々に対してです。仲間を大事にする文化は、「よそ者」には冷たく、厳しいのです。「よそ者」差別は、日本文化に内在しているのです。

30　見えにくい差別問題――仲間以外なら傷つけてもよいのか？

「よそ者」に冷たい文化は、「仲間文化」・「内向き文化」です。「内向き文化」は、世界を意識するまでに多くの関門があります。「内」の発想は、「身内」→「仲間うち」→「村内」→「同郷人」→「日本人」というように広がっていきます。その外は「外人：外の人」です。部落差別では「非人」と言い、人間の「外」に置いたのです。おとぎ話に出てくる「鬼」も、仲間に入れてもらえなかった「外の人」だったことでしょう。

このように、「内向き文化」は、「外」に対して冷淡な文化なのです。仲間にやさしく、外に冷たい文化では、よそ者に対する無関心は当然ですから、差別を自覚しにくいのです。

運よく、日本人の仲間に入れた留学生は、日本人のやさしさや礼儀正しさに感動して「日本ほど親切な国はない」と言って帰ります。しかし、運悪く、仲間に入れなかった留学生は、「二度と来たくない」と言って帰ります。仲間の外に置かれれば、日本人の親切や礼儀正しさに会える機会は激減するからです。

仲間でなければ気を配らない傾向が強いということは、「よそ者」に冷たいということです。それゆえ、仲間以外の人々を大いに傷つける危険があるということです。日本社会は、「内」にやさしい分、「外」に対する冷たさが見えにくいのです。結果的に、「よそ者」に対する配慮に欠けることが多いのです。「難民」の受け入れに消極的なのも、「内」を守るためです。

仲間うちでは、仲間を思いやり、受けた親切には、恩を返します。ところが、仲間以外の他人に対しては、一気に鈍感になります。われわれの行動範囲が広がり、日常的に仲間以外の人々と接触する機会が増えました。身内以外にも気を配る訓練を受けていないと、対人接触のトラブルが多発します。日本人同士でも、不作法は必ずしっぺ返しを受けます。「ひきこもり」のように、世間に出ることが怖い人の多くが、身内以外とのコミュニケーションの能力に欠けていることが典型的な例です。彼らの特徴は、人間同士の摩擦に耐える「耐性」がなく、摩擦を避けるための「協調性」に欠けていることです。世間は礼儀作法と気配りで、人々の交流が成り立っているからです。知らぬ間でも、他人に気を配る人は、あなたにも気を配ることを要求するからです。日本社会では、「空気の読めない人」は駄目だと言われます。空気が読めないとは、他者の快・不快に「鈍感」であるということです。本人が意図しなくても、鈍感は人を大いに傷つけるのです。気配りの人は、他人が同じように自分に気を配ってくれなければ、傷つきます。被害者感情はそういう人々の中で生まれます。無視されているとか、差別されたという感情もそういう人々の中で生まれます。子どもでもそれを直感的に知っているから、いじめの対象を仲間はずれにし、「しかと」するという無視の手法を使うのです。仲間に入れてもらえないことがどんなにつらいことか、日本文化は身にしみて知っているのです。子どものいじめにも、内向き文化は色濃く反映しているのです。

31 日本人はいつも「みんな」を意識している

(1) 仲間意識が崩れると規範が崩れる

日本人が「みんなそうしている」という時の「みんな」とは、仲間であり、仲間が世間を代表しています。もちろん、「仲間の大きさ」は人によって違います。私たちの行動の規範は、みんなが守るから規範なのであり、みんながそうするから、自分もそうするのです。日本文化は仲間集団に合わせようとする「同調」と、仲間と一体化しようとする「同一視」の傾向が極めて強いのです。それゆえ、帰属集団からメンバーへの「同調圧力」も強くなります。

日本社会では、近隣を始め、規範を守ってきた仲間の結束が弱まった時、「自己中」が増殖し、「無縁社会」が誕生し、安全や連帯が崩れます。社会生活の秩序が崩れるのは、規範を無視する人々がそここに出てきて、規範の共通性が崩れるときです。近隣でも、電車の中でも仲間意識が存在しなければ、身勝手で不作法な振る舞いが出てきても、誰も止められなくなります。無縁社会の危機は、無関心が淵源にあります。バラバラになった個人はもう仲間ではなくなるのです。他者の不快に気を使わない傍若無人な連中が増えてくれば、規範は短時間で総崩れになります。やがて、みんながある規範を守ることを諦めれば、礼儀も作法も短時日のうちに忘れられます。

（2） 仲間意識が崩れた時は、健全な「お上」がみんなを守る

「みんなの迷惑」とは、「みんな嫌がっている」ということです。そんな時、仲間意識が健全であれば、みんなが発言します。仲間が崩壊していれば、みんな口をつぐみます。みんなの意志は圧力になりますが、反発を怖がって何も言わなければ、暴力や声の大きいものの「迷惑」は増殖します。切れやすい若者は、声を荒げて、「切れること」を威嚇に使います。みんなが沈黙して、不作法ものが闊歩するようになると、日本人も、日本社会も実に弱いものです。安全も秩序も「みんな」が守っているから保たれるのです。

一時期、ＪＲの電車の入り口付近に、尻を着いてたむろしている高校生に誰も何も言えなくなったことがありました。未熟な高校生の小集団でも、周りを威嚇して、みんなで渡れば怖くなくなるのです。自分たち以外は、バラバラの乗客ですから、対抗集団にはなり得ません。一度、市民の連帯が崩れると個人は孤立して、守ってくれるものを失うのです。他人に無関心な「無縁社会」とは、共同体が崩れ、仲間意識が崩れ、自己中と個人主義が生んだものです。そ

ういう時に、唯一、頼りになるのは「お上」です。無縁社会では行政の質が本当に大事なのはそのためです。好むと好まざるとに関わらず、「お上」は日本のみんなを代表しています。健全な「お上」には、みんなを守る力があるのです。

高校生の不作法を見るに見かねて行政が動けば、「お上のお達しにより」、JRは元気をもらいます。もちろん、JRが市民の迷惑に鑑みて、組織決定をすれば、JRが「疑似お上」になります。若い車掌さんは、自分ひとりでは、言えなかったことを堂々と言えるようになります。数年前から、「入り口付近で腰を下ろすことは、他のお客様のご迷惑になりますのでお止めください」と車内に放送が入るようになりました。近年では、この種の高校生は全くみなくなりました。「お上」の一声で、効果は絶大でした。車内禁煙についても、携帯電話の使用についても、少し時間はかかりましたが、同じ過程を辿りました。健全な「お上」が、健全なみんなの意志を守っているのです。暴力団など裏社会の暴力から市民を守るためには、警察というお上が本腰を入れるか否か、にかかっているのです。市民だけでは、危険過ぎて、暴力には対抗できません。集団を分解してしまえば、日本文化は弱いということを暴力組織は十分理解しているのです。それゆえ、攻撃対象は必ず個人になります。子どものいじめに共通しているのです

振り返れば、敗戦後の大混乱も、マッカーサー司令部という「占領軍のお上」が、日本人を代表して秩序を維持したから、「鬼畜米英」から「アメリカ型民主主義」へ驚くほどスムーズに移行できたのです。もちろん、マッカーサー司令部が天皇制を活用したことも効を奏しました。象徴天皇制であっても、多くの日本人の気持ちにとって、天皇は「お上」の上に位置している存在だからです。

経済発展優先の発想が、日本社会に格差を生み、個人主義や競争原理の早すぎる導入が「無縁社会」を生み、「自己中」・「いじめ」・「虐待」・「ストーカー」などの社会問題を生んでいます。日本文化が弱体化して、みんな一緒に幸福を追求する力が衰えているからです。

32　しつけを回復し、教えることを復権して、物言えぬ人々を守れ

(1)　道徳の教科化

メディアの報道が過熱しているせいか、実際の嫌がらせが増えているのかは分かりませんが、「人権社会」を言いながら、嫌がらせの話題がますます多くなっています。いじめ、ストーカー、セクハラ、パワハラ、危険運転、SNSを利用した匿名の悪口など極めて自己本位な嫌がらせが報じられています。他人の権利を平然と踏みにじる犯罪の報道を聞くたびに、戦後教育の失敗だと思わざるを得ません。家庭も学校も社会教育も本気で礼節や規範を教えなければならない、と思います。今回の、道徳の「教科化」に、かつてほど異論が出ないのも、日本社会の無秩序の度合いが増したからでしょう！　安全や自由など社会の秩序を維持している規範の危機は、教育の危機を意味しているからです。学校では、道徳の教科化にともなって、教え方や評価の仕方が問題だと言って騒

ぎ始めていますが、教えるべきことを、褒めて、叱って反復することが原則です。通知表には、子どもの褒めるべきところを書いてやればよいのです。

（2）権利による権利の侵害

今や、文科省は「教育」を放棄して、「生涯学習」でよいと言っています。それゆえ、社会教育は、瀕死の状況です。かつて地域を守ってきた子ども会・婦人会・女性団体その他の社会教育関係団体と呼ばれた地域集団も崩壊寸前です。また、個人主義を導入して以来、学校は集団や仲間との協調を強く言わなくなりました。

日本の家庭教育は、もともと子どもを「宝」とする風土ですから、学校や世間からの批判が止まれば、自ずから「過保護」と「放任」が増殖します。

日本文化が強調する「子宝の風土」の特性を見逃した改正教育基本法は、あろうことか、「家庭の自主性を尊重せよ」（＊）と謳っています。欧米型個人主義の「主体性」論に依拠したものと思われます。以来、今では、誰も家庭の教育を批判し、保護者のあり方を叱ることはできなくなりました。

　不登校も、ひきこもりも、非行その他の逸脱行動も、その多くは子育ての失敗が原因です。子どもの日常を監督できず、朝飯を喰わせない家庭があることは文科省のスローガン：「早寝、早起き、朝ご飯」で明らかです。にもかかわらず、「家庭の主体的な教育を尊重せよ」と言われれば、今や誰も怠惰な親を叱れません。経済格差の問題が背景にあることは明らかだとしても、わが子に飯を喰わせないで学校にやる親を誰も叱らないのは、異常ではないでしょうか？　今や、善意の第3者が運営する「子ども食堂」が子どもに飯を喰わせているのです。政治は、放置しているようですが、この子たちは将来、自分の親をどう思うでしょうか？

　世間にはびこる迷惑行為、嫌がらせの加害者は明らかに規範を身につけていないのですが、これも大体は親の子育てが失敗した結果です。

　改正教育基本法が「家庭を尊重せよ」というのに輪をかけて、昨今の世間は「子どもの権利」などというようになり、「子宝の風土」の特性すら自覚しない人々が、「子どもの権利条例」まで決めるようになりました。もはや、誰も子どもを叱れず、子どもの無礼や逸脱を矯正できなくなりました。まさに、家庭の権利と子どもの権利を野放しにして、他者の権利を侵害する事態を招いているのです

「子どもの権利」論者も、一度、自分が被害者になってみれば、「権利による権利の侵害」が起こっている悲劇が解るはずです。いじめっ子や規範を身につけていない子ども大人は、主体性論や権利意識に守られて発生した「教育公害」です。この公害は、子どもの権利を守るというスローガンの下で発生しているのです。教育公害は、幼少期に、家庭と学校が生きるマナーとルールを教え損なったことが原因で発生しているのです。

（＊）改正教育基本法　第十条の2項

国及び地方公共団体は、家庭教育の自主性を尊重しつつ、保護者に対する学習の機会及び情報の提供その他の家庭教育を支援するために必要な施策を講ずるよう努めなければならない。

（3）ブスの25か条

宝塚歌劇団の卒業生の貴城けい氏が、『宝塚式美人養成講座――伝説の「ブスの25か条」に学ぶ』という本を書いています（＊1）。「美人は人のせいにしない」、「ブスは人に尽さない」、「ブスは自分がブスであることを知らない」、「美人は、自分がもっとも正しいと信じ込んではいない」などと書いてありました。

（＊）ブスの25か条とは、ある時期から宝塚歌劇団のあるところに貼り出されていたもので、誰もがその張り紙の前で足を止めて見入ってしまうという伝説の張り紙であった、ということです。

また、「サンレー（冠婚葬祭互助会）」の取締役の一条真也氏は、『人間関係を良くする17の魔法（＊2）』を書き、この世の基本は「礼法」であると言っています。

二つの本の共通点は、「相手を立てて」、「礼儀」を守れということです。

一条氏の17の魔法は、1　身だしなみ、2　立ち居振る舞い、3　ことばづかい、4　あいさつというように、簡潔です。冠婚葬祭の仕事だけあって、「礼」は人間関係の潤滑油だと考えていることが分かります。きちんと対応してもらって不快になる人はいないでしょうから、原理は「相手を立てる」ことにあるのです。

今年から学校の道徳教育が教科になります。評価や教え方が難しいと先生方が苦労しているとテレビが報じていました。前述の両書が参考にならないでしょうか？　道徳とは、「礼節」と「他者貢献」を教えて、守らせればよいのです。「ブス」で終わるか、「美しい人」になるか、実践を指導すればよいので、それほど難しいことではありません。習慣化の原則は、反復練習です。礼節・貢献・協調の基本型を日々繰り返して、教え込めばよいのです。

子どもは「霊長類ヒト科の動物」として生まれてきます。未だ人間にほど遠いのです。それを人間に育てるのがしつけと教育です。

「みんながやるようにやれない」子どもは、世間で生きることが難しいだけではありません。他者の権利を踏みにじる危険が大きくなるのです。「放任」と「過保護」を重ねた末に、子どもの権利を言うことが、他者の権利を侵害する結果に繋がっていることに「子どもの権利」論者は、どこまで気づいているでしょうか？「教育公害」も、「大人子ども」の問題も、「規範」と「礼節」のしつけの欠如にあるのです。

礼節や規範は、証明や論理で納得させることが難しい文化と慣習の問題です。日本語と同じ共同生活上の約束であり、言葉の型と同じです。なぜネコを「ネコ」と呼び、イヌを「イヌ」というのかは、論理的に証明ができないように、歴史の中で社会が積み上げてきた約束事です。礼節や規範は、日本語を教えるのと同じように、家庭、学校、地域の青少年団体が、反復と刷り込みで確立すべきものです。

言葉はみんなが使っているから言葉として通用するのです。礼節も作法も、法も道徳も、定着させる原則は同じです。規範と礼節のしつけは、常識と法を基準にして、みんなが守っていることを反復させるしか方法がありません。

迷惑行為や嫌がらせを予防するためには、罰則を強化するのも方策の一つですが、教育こそが百年の計です。規範も礼節も、反復して教えるのが教育の役目です。もちろん、世間一般の行動基準も、経済や技術など文明社会の仕組みの変化で徐々に変わっていきますが、変化のスピードは、そんなに速くありません。当面は、今の社会を前程として、みんなが安全で自由に暮らせる方法を考えていけばいいのです。みんなが「仲良く」生きてきた日本社会を守るためには、規範をしつけ、礼節を守る教育を徹底するしかありません。日本社会はみんなが、仲良く、一緒に生きていければ、大いに力を発揮することができるのです。

(＊1) 貴城けい、伝説の「ブスの25か条」に学ぶ――宝塚式美人養成講座、講談社、2008年

(＊2) 一条真也、人間関係を良くする17の魔法、致知出版社、平成21年

33　豊かになっても、寂しくて、不幸では何のための経済発展か⁉

(1) 人並み文化の「格差」の危険

「無縁社会」では、社会的組織に帰属していない者から順に孤立していきます。先ず、高齢者、次に外に出る機会の少ない妊婦さん、友だちのいない子どもたちなどです。無縁社会とは、自分と関係のある人にしか関心を持たず、仲間としか付き合わない社会です。人間関係が、共通の関心を持つグループの中だけに限定されていく社会です。理由は、人生の選択肢が豊富になり、感性や価値観が多様化する一方、選択肢が明確で、限定的なものになり、生き方を共有できる人々の範囲が縮小していくからです。

「お互い様」の関係の崩壊は、ご近所から始まります。なぜなら、仕事にも趣味にも共通性がなく、近隣住民の間に、「地域性」以外に共通項が薄くなるからです。換言すれば、現代社会は、近所付き合いや近隣の相互扶助がなくても暮らしていけると人々が考えるようになったということです。

　価値観の多様化とは、めざすべき価値が分裂するということです。当然、共通価値を分かち合う仲間集団も小さくなります。経済学や広告業界が「分衆の誕生」（＊1）、「さよなら大衆――小衆の時代」（＊2）などと呼んだ現象です。

　自由な生き方とは、選んで生きる生き方のことですから、われわれは、価値観や感性を基準にして、「同質の集団」をつくり、より緊密な仲間を選んで生きるようになったのです。それゆえ、結果として、感性や考え方を異にする人々に関心を持たなくなっているのです。共通の発想で生きてきた日本人の暮らしの共通性・共同性が分解して、複数の異った関心集団ができてしまったと思えば理解しやすいのではないでしょうか？　職業や趣味や社会的活動の異なった集団については、人間関係が予測不能になるので、誰でも息がしにくいので、距離を置き、遠ざかるのです。

　価値観と感性が共通していれば、仲間の反応が予測でき、合意も得やすく、付き合いやすいのです。反対に、異質の人とは、合意が難しく、居心地が悪く、付き合いにくいので、仲間以外の人とは関わらないようになっていくのです。そうなれば、仲間集団を持たない人は必然的に孤立していきます。「無関心」は「差別」ではありませんが、「冷淡」の始まりです。

経済の機能主義が社会に浸透していくと、仲間もコミュニティも、機能的で、冷淡な小集団に細分化していくのです。格差や社会的弱者に配慮しない経済発展優先主義は、日本社会の共同と連帯を崩壊させました。それでなくても日本社会は、ずっと前から、閥とセクトの人間関係を優先する「自閉的共同体」(岸田秀)であると言われます。「自閉的」とは、全体のことより、「仲間優先」…閥やセクトのことを優先するという意味です(＊3)。

それゆえ、人々が、自己本位の生き方だけに拘るようになれば、共同体の連帯や団結が崩れるのは必然です。豊かになっても、多くの人々が、寂しくて、不幸では何のための経済発展でしょうか!　白波瀬佐和子氏は、日本社会に、生き方の不平等が生まれてしまっていると分析しています。この問題を解決するためには、格差の発生を抑制し、「お互いさまの社会」をつくらねばならないと提案しています（＊4）。格差の発生と協調の崩壊は政治が招いた不幸です。景気景気と騒ぐ一方で、不幸な人々を創り出している経済政策は失敗なのです。

阪神淡路や東日本の大震災以後、国中が、「絆」、「絆」と合唱していますが、当面の「危機対処」と「生活再建」で利害・関心が一致している限り、日本人は昔を思い出して、「絆」は戻ります。

しかし、災害処理が一段落すれば、人々は、再び、分衆や小衆に別れて、経済価値追求の生活に戻ります。経済効率と仲間中心の生活に戻り、「人は人、自分は自分」の価値観が復活してふたたび「絆」は分解してしまいます。この時、帰属する集団を持たない人々は孤立します。仮設住宅での孤独死はそんな風にして起こるのです。

孤独死は、「無関心」に始まる「冷淡」がもたらす悲劇ですが、限りなく「差別」に近い冷淡です。この種の問題は、自主的な学習で解決はできません。社会教育や地域の共生を軽視すれば、必ず孤立にともなう問題が起こります。今や政治は、経済最優先の行政効率だけを重視しています。地域を見守り、地域の力を合わせて問題を乗り切る、という任務の行政職員やプログラムを切り捨てました。

古い集団が消えて、新しい集団や仲間に入り損ねれば、誰も気にかけてはくれません。周りが仲間はずれにする気はなくても、積極的に仲間になろうとしない限り、現代人は孤立するのです。現代社会は流動性が高いので、積極的に、ボランティアに出ていくか、「この指とまれ」で仲間を募るかしなければ、新しい仲間は得られません。しかし、シャイな日本人は中々、自分から動く訓練を受けていません。動きにくい高齢者や妊婦さんが孤立するのはそのためです。

それゆえ、これからますます「社会教育」や「民生委員」のような人をつなぐ地域の「仲人役」が大事になっていきます。住民の孤立を予防するためには、「生涯学習」政策では駄目なのです。政治は、景気や経済のことばかり言わないで、「社会教育」・「地域教育」を復活し、ボランティア基金を創設し、補助金を出して地域活動や協働を創り出すべきです。人々の孤立を防ぐためには、活動を創出し、地域をつなぐ役の人々にお金をかけるべきです。

外国と比較しても、日本人は「幸福感」や「充実感」が薄いと言われています。自分を受け入れてくれる「家族」や「近隣」や「仲間」の絆が問題なのだと思います。ひきこもりや自殺者は絆の欠如の現われでしょう！　葬儀もしてもらえない高齢者がいる一方で、豊かな人々だけが満たされているという社会は不健康です。貧しくても、仲良く助け合って暮らせれば、日本人は幸せなのです。

（＊1）博報堂生活総合研究所編、「分衆の誕生」、日本経済新聞社、1985年
（＊2）藤岡和賀夫、さよなら大衆、PHP研究所、1984年
（＊3）岸田秀、ものぐさ精神分析、青土社、2014年、p.14、国家の大事であった戦争ですらも、海軍と陸軍は協力しなかったばかりか、同一組織の中でも、それぞれのセクト組織は協力しなかったと指摘しています。
（＊4）白波瀬佐和子、生き方の不平等、岩波書店、2010年

(2)「一緒でない」と不幸になる!!

自由競争も、効率性の追求も経済発展にとっては大事なことですが、経済の最終目的は、人間の幸福を実現することです。それゆえ、経済政策として正しくても、格差を拡大するような結果をもたらす政策は、「生き方の不平等」をもたらします。不平等の拡大は、多くの人々を不幸にし、日本社会を疲弊させるので間違っています。日本社会は、平等を重んじる横並び社会です。「みんなと一緒」でないと「負け組」などと呼ばれ、「差別」された気持ちになって、幸せにはなれないという特徴を持っています。貧しくても、みんな一緒なら、幸せでいることができるのです。それが「人並み文化」です。資質が違い、努力の姿勢が違う人間を自由に競争させれば、必然的に格差は生まれます。その事実は誰もが知っているでしょう。しかし、人並み文化は、事実と分っても「他人との格差」が拡大するのでは、納得できないのです。世界に類を見ない、所得税の累進率が高いのも文化の特徴です。成功者には、高い税金で泣いてもらって、「一億総中流」をめざしたのです。問題は、日本文化と日本人の気持ちにあるのです。

人並み・横並びの気持ちを考慮にいれない政治や経済政策は、日本人を幸福にはしないのです。現行経済が生み出している格差は、生き方の不平等を生むだけではありません。成功者による「見せびらかし」の消費は、人並みになれない人々の「不幸感」を増幅します。「不幸感」は、やがて敗北感と無気力に繋がり、時に、怒りを生み出し、日本社会を頽廃に導くのです。「みんな一緒の国」は、不思議な性格を持っているのです。

日本にとって、「格差」を拡大するような効率主義の経済政策は間違っているのです。日本国が国際社会の競争に打ち勝っていくことも大事ですが、日本人全体が揃って幸せになることはもっと大事なのです。

(3) まずは「みんな一緒」をめざす

派遣労働や非正規雇用は、企業経済にとって効率的であっても、日本人の「横並び意識」を破壊し、安心感を破壊しました。雇用の不安定は、結婚や出産など、長期展望に立った人生設計のゆとりも破壊しました。先の見えない「不安感」が少子化の原因の一つでもあります。日本の企業にとって効率的な政策でも、日本人の感性は極端な自由競争や効率主義に慣れていないのです。自由競争が生み出す結果の不平等にも、目の前の格差にも慣れていません。長く終身雇用や年功序列制の安心感の中で暮らしてきたからです。「人並み」を希求してきた社会が、グローバル経済の時代だからといって、一気に「個人が競争する社会」に転換すれば、現状のような社会的副作用が出るのです。人並み文化の特性を理解せず、経済優先で突っ走った政治の大失敗です。

確かに、頑張ったもの、能力のあるものを認めない社会的仕組みは非効率的ですが、だからと言って、一気に「競争社会」に転換することは、文化的に無理なのです。日本社会もそれなりに激しい競争をしてきましたが、ほとんどは「集団間競争」でした。A校とB校が競い、A社とB社が競ってきたのです。集団で泣くことはあっても、個人は泣かせないできたのです。個々の日本人は「負けること」に慣れていないのです。それゆえ、格差は不幸の象徴になるのです。実力主義社会の格差は当然でも、人並み文化社会の格差は受け入れられないのです。人並み文化は、実力主義文化のやり方を理屈通りには納得しません。日本人にとって、格差は、安心と公平のない社会の象徴になるのです。確かに、日本に実在する格差は、アメリカなど実力主義の国の格差に比べれば、相対的に小さいものです。恐らく、アメリカ社会であれば、ほとんど問題にならない程度の「格差」なのでしょう。しかし、日本社会は、競争を避け、「敗者」を出さぬように配慮している社会です。

それゆえ、問題は、「格差が小さい」という、他国と比較した相対的な問題ではなく、「人より劣っている」という気持ちなのです。人並み文化においては、「みんなと一緒でない」ことは、被害感情に転化し、「差別」されているという気持ちになるのです。「みんな一緒の社会」では、みんなが同じように貧しければ不幸を感じないでしょうが、自分だけが貧しければやりきれないのです。

人間は、事実の中に生きている以上に、心理的事実の中で生きているのです。日本人は他者との比較の中で生きているのです。自分の幸福が他人との比較の関係で決まる社会は特別な社会かもしれませんが、日本はそういう社会なのです。アメリカのような実力主義の競争社会になれない以上、政治は、先ず、「格差」の発生を回避し、「みんな一緒」に「人並み」の暮らしのできる社会を実現しなければならないのです。人並み文化にとって、格差は限りなく差別に近いのです。

(4)「横並び文化」の自己矛盾

日本人の多くがブランド品にこだわるのは、「ささやかで可愛い自己主張」です。「みんな一緒」を望んでいるはずなのに、みんなとは違うということを少しだけ主張したいのだと思います。「横並び」から抜け出したいということなのでしょう。誠に不思議な文化の小さな矛盾です。人並みでなければ、不幸を感じると言いながら、同時に、少しだけ他人より優越したいと言うのです。正に、日本文化は「かわいい」矛盾を含んでいるのです。「ささやかで、可愛い」というのは、プライベートジェットやクルーザーを持とうとか、億ションに住みたいとか、贅沢を見せびらかすのではなく、ささやかな違いで満足できるということです。不平等の「階級差」を見せつけ、「人並み文化」を破壊するような大きな害はもたらさないであろうという意味です。

ブランド品を持ち歩くことが流行るのは、極めて個人的で主観的な優越意識の現われですが、臆病で自信のなさの現われでもあると心理学は言っています。せめてファッションで人より優位に立つことで幸福を感じようとしているというのです。車にしても、マンションにしても、他人より上をめざして「差をつけたい」という意識も「みんな一緒」社会の病理のようです。そういう社会は本質的に「やっかみ社会」であり、差別社会ですが、階級闘争のような破壊的な混乱や犯罪には繋がらない程度の「やっかみ」に留まっています。他人との違い、他人への優越が「よい気分」の原点になるというのは、日本人としていささか辛いことですが、事実は隠せません。「人並み」を希求し、同時に「他者への僅かな優越」を見せびらかすという二つの矛盾する願望こそが、日本社会を前進させるエネルギーになっているのです。格差が巨大にならない限り、いわゆる「負け組」も、やけになって社会に八つ当たりはしません。アメリカ社会が日常の安全を保障できないのは、構造的に「敗者の叛乱」を抱えているからであり、日本社会が極めて安全なのは、構造的に「敗者」を生み出さない工夫を続けてきたからです。満点の社会はないとすれば、他人の幸せを暴力的に妨害し、社会の安全を破壊しない限り、多少の「やっかみ」や「差別意識」があっても、「ささやかで、かわいい」とするしかないのです。

34　他者への優越が関心事になったら、差別はなくせない

日本文化は不思議な文化です。人並みを希求すると同時に少しだけ人並み以上を求めます。そのためでしょうか、平等を希求する日本社会は、比べるのが大好きで、ランキングが大好きです。周りの人々と比べ、他地域と比べ、外国と比べます。それは「人並み」を願うと同時に、「劣ることに我慢できず」、「優

越」に関心が集まっているということです。関心の裏側には、「劣等感」や「自信のなさ」がありますから、「勝ち組」、「負け組」という表現が流行ります。

他者との比較は人並み文化の宿命であり、差別の原点になります。しかし、同時に、「追いつき」、「追い越せ」というメンタリティを生み、全体を向上させ、日本社会を推進するエネルギーにもなります。どちらか片方だけといかないところが難しいところです。個々人の幸せや満足の指標は、「人並み」と「人並み以上」を同時に求めています。「人並み」でなければ、不幸を感じ、人並み以上になろうとすることに充実を感じます。人並みは安心の条件で、他者への優越は充実と満足の指標です。ただし、極端な格差を求めないところが、人並み文化の特徴です。優越の追求も、ささやかで、可愛いのです。

日本社会がエネルギーに満ち、同時に、軽度に差別的なのは、みんな揃って他者に優越しようと頑張り、全体が向上し、外国を抜いたと思えれば、安心できるのです。

優越への努力が「見下し」に転化するとき、差別感情が生まれます。見下されれば、敗北を気にしている人にとっては、被差別感情を生みます。それゆえ、「格差」が明らかになる状況は、日本社会にとって危険なのです。一部の人々が優越を感じて生きるようになれば、劣等感に苛まれて生きる人も出てくるということです。劣等感は、被差別感情に転化しがちですから、日本社会に格差が固定することとは、「攻撃」、「破壊」、「無気力」など、極めて危険な感情を生み出します。

日本社会は、聖徳太子以来、延々と「和」を大事にし、競争を嫌い、敗者を作らないことに特段の配慮をしてきました。そういう社会で格差や敗北を感じたら、人々はやる気と活力を失います。みんな一緒で、人並みをめざしたのではなかったのか？　誰も負けないはずではなかったのか！　という感情は、不満や怒りに転化し、社会を不健全にします。格差は、差別感情に転化した時、社会の活力を失わせ、不満を蓄積するもっとも危険な因子なのです。格差の発生と固定化は、経済効率にのみ気をとられ、日本文化への配慮を忘れた、現行政治の最大の失敗と言って過言ではないでしょう。

35　一人暮らしは高齢社会の宿命である

筆者が爺さんになったせいか、妻に死なれて弱気になった男の話をよく聞くようになりました。妻の死後、自裁した江藤淳の話は有名ですが、一人暮らしになると「女はもつ」が、「男はもたない」と世間は言います。筆者は、一人暮らし7年になりましたが、世間に反証を見せてやろうと頑張っているところです。

テレビを見ていたら、離婚1回は「バツイチ」で、配偶者を亡くした一人暮らしは「ボツイチ」と言うそうです。ボツイチがレストランで、一人で飯を喰っているのが、「ボッチ飯」だそうです。感じの悪い言い方ですね！

一人暮らしの具体的な、問題は家事力です。普段の生活で、妻への依存度が高ければ、男の自立能力は育ちません。突然、妻が先立てば、自分では何もできず、オタオタするでしょう。「そばに私がついてなければ、何もできないこの人やから……」（なにわ恋しぐれ）のような妻に寄り添われていれば、男が弱くなるのは当然です。もちろん、甘えた男を責めるべきでしょうが、甘やかした妻の責任も大きいと言わなければなりません。

厚生労働省の発表する「自殺対策白書」によれば、2015年の自殺者は合計2万4025人。そのうちの1万6681人が男性で、7344人が女性です。これをパーセンテージで表わせば、2015年の自殺者の70%ほどが男性ということになります。理由は色々取りざたされていますが、一つの結論は男の方が弱いということでしょう。男は、期待されている「甲斐性」・プライドに潰されるとか、プレッシャーに弱いとか、理由はいろいろな解説がありますが、心理的な事情は女性も変わらないことでしょう。

「男子厨房に入るべからず」、などと家事をバカにし、女性を差別してきたつけが、男の老後の家事力の欠如をもたらすのです。家事は頭を使うので、「ノートレ」に有効で、ボケ防止にもなると言われます。男の健康寿命をのばすためにも、家事力を鍛えることは高齢男性の必修科目です。大多数の男は、自発的に家事を学習するはずはありませんから、社会教育を捨てて、自侭な生涯学習だけで「よし」とした文科省の罪は、高齢男性の自立能力を妨げているということです。

妻に先立たれたぐらいで弱気になるのは、暮らしの中の男女共同参画の自覚が薄く、「家事力」を鍛えていないからです！　家事力はひとりを生き抜く上で、有効な武器なのです。

3度の飯も、洗濯も掃除も、家事は365日、人間を追いかけます。家事力は健康にも、家計にも関係します。高齢者は、「金持ち」になれなくても、工夫次第で「時間持ち」にはなれます。時間持ちの条件は、高齢者の家事力にかかっているのです。近年、家事をしない男が熟年女性のストレスになり、「夫原病」と言われるようになりました。再掲するので、黒川順夫氏（＊1）や石蔵文信氏の著作を参照してみて下さい。熟年期の夫婦こそ男女共同参画が大事になるということです。

コンビニに恨みはありませんが、家事力のない一人暮らしのコンビニ依存は不経済です。スーパーなら2割程度は安いでしょう。金のある皆さんは何処で使おうと勝手ですが、慎ましい年金暮らしにコンビニ依存は愚の骨頂です。コンビニで調理済みを買えば、楽に決まっていますが、楽な分だけ「負荷」はかかりません。身体を使わず、頭を使わず、気も使わず、しかも、金だけはかかります。楽をしようとする年寄りは、当然、適切な負荷さえかけないので、心身の「廃用症候群」（＊3）が起こりやすいのです。人体の不思議ですが、使わない機能は、人間の生理が「必要ない」と判断し、やがて使えなくなるのです。高齢者が老いぼれるのは、年のせいだけではありません。社会から離れ、活動から離れ、毎日楽をして、心身の機能を使わなくなるからです。一人暮らしの年寄りがコンビニに依存するようになったら終わりが早まると考えるべきでしょう。長生きをしたい男は、家事力が勝負のポイントです。

（＊1）主人在宅ストレス症候群、黒川順夫、双葉社、１９９３年
（＊2）妻の病気の9割は夫がつくる、石蔵文信、マキノ出版、２０１２年
（＊3）安静状態が長期に渡って続く事によって起こる、さまざまな心身の機能低下等を指す。生活不

活発病とも呼ばれる（Wikipedia）。

36 「差別」対応の「優先順位」――法の整備が先決

本書では「見える差別」・「明白な抑圧」については、各分野に専門家がいるので、意図的に口出しは避けました。口出しは避けましたが、重要でないという意味では毛頭ありません。逆に、「見える差別」・「明白な抑圧」については、個別の法律で厳しく罰することが先決だと思っています。なぜなら、法律はやがて文化となり、国民の共通意識として浸透し、被害者を守ることができるからです。女性差別、部落差別、外国人差別、児童の虐待、セクハラ、DV、いじめに至るまで、罰則をともなう法律上の禁止が不可欠だと思います。法律論は、法律家に任せるしかありませんが、日本国では、差別や暴力に対する罰則が軽すぎ、責任の所在をハッキリさせないから個人の権利を侵害する行為が延々と続いているというのが筆者の感想です。

「見える差別」・「明白な抑圧」は、被差別者が受ける被害が明白に見える以上、法律になじみやすいはずです。子どもの虐待やＤＶや同一労働――差別賃金などがこれらにあたります。「女は引込んでろ」式の言論封殺も同じです。

家庭科等の男女共修も時間とともに浸透し、若い世代では違和感がなくなってきたのではないでしょうか！　法律や学校での教科の共修は確実に新しい文化を生み出していくのです。

過疎地の無医集落なども、政治の失敗が創り出した「見える差別」にあたります。病院もない、スーパーも消え、ガソリンスタンドも遠いというのでは、誰が考えても、「生存権」に関わるでしょう。限界集落が増える一方で、消滅自治体の予測まで出る今日、極端な過疎は「人権問題」です。その責任を取らないのは、明らかに政治と行政の怠慢です。国が政策的に、いくら「地方創生」を叫んでも、スローガンで、生存権は保証できないのです。限界集落はすでに憲法25条違反ではないかと疑ってかかるべきでしょう。

中でも、本書が注目した男女平等は、憲法に謳われた人権問題の1丁目1番地なのに、日本国の男性政治家は、知らぬ顔をし続けてきました。「女性の輝く社会」を政策に掲げながら、近年の「ジェンダーギャップ指数」が144～145カ国中、101位（2015年）→111位（2016年）→114位（2017年）と下がっているのはどういうことでしょうか？

口ばかりの政治家は恥を知るべきです。憲法が謳っている男女平等は基本的人権にあたることは明白であり、是正すべき第1優先順位です。そのために世界の多くの国々がクオータ制（男女別割当制）をとって修正しているのです。特に政治の分野では、時期を区切って、日本もクオータ制の実験を始めてみるべきです。

37 人権と私権――いじめは「私権問題」、子どもの貧困は「人権問題」

（1）「いじめを止められない学校」と「いじめられた子どもを守れない（守ろうとしない）世間」

「人権」や「差別」に関わる執筆は、神経がすり減ります。「差別」も「排除」も日本社会の禁句だから、誰かを怒らせないかと心配して書きました。筆者の関心の出発点は、「いじめを止められない学校」であり、「いじめられた子どもを守れない（守ろうとしない）世間」です。個人相互の軋轢にまで「人権」を持ち出して、私権を人権と混同しているから、被害者の立場に立てないのだと感じています。他者を傷つける言動は、個人の安全と自由を侵害する「加害」です。加害者の権利は、加害の段階で制約されるべきだと考えれば、いじめの調査はもっと迅速かつ徹底してできるはずです。いじめは「私権問題」です。私権問題なのに、大げさに加害者の「人権」を持ち出すから、いじめの被害者を守れないのです。教育界は、人権の名の下にいじめられた子どもの権利を侵害していることに気づくべきでしょう。

(2) 国家の国民に対する義務と個人の他者に対する義務

今の日本社会は、いつ頃からか、私権と人権をごっちゃにして使います。安全、平和、自由、平等、公平を語ることは憲法問題です。したがって、日本社会に、著しい生存の不安、不平等、不公平、格差、差別などが存在することも憲法問題です。

これに対して、私人同士の権利が衝突した時の調整は、それぞれの社会・文化が長年にわたって蓄積してきた「常識」、「慣習」、「礼節」を含め、憲法以外の「法律」(実定法または制定法)の取り決めで行ないます。それゆえ、住みよい社会の条件は二つあります。

第1は、国(政治や行政)が、憲法で謳った基本的人権を守るという「国家の義務」を果たしているかということです。

第2は個々人の私権を守ることです。もちろん、私権は多々、衝突するので、相互の利害を調整しなければなりません。「調停」は「私権問題」です。

権利の中身は同じでも、権利を主張すべき「対象」が異なるので、両者を混同してはならないのです。安全、平和、自由、平等、公平などの権利を要求すべき対象は国家であり、公権力を担う政治と行政です。それが人権問題です。

一方、個人相互の権利の衝突は、加害者も被害者もわれわれ市民自身です。したがって、権利保証の要求対象もわれわれ市民自身です。それは私権問題です。

私権の侵害については、われわれが歴史的に蓄積してきたルールや礼節をもって「お互いの取り決め」を果たしているか否か、が問われるのです。

(3) 二つの抑圧主体

抑圧には二つの主体があります。世界の政治を見れば明らかなように、第1の抑圧主体は、公権力です。憲法が「基本的人権」を謳っているのは、市民の安全と自由を守り、憲法が謳う諸々の権利を抑圧してはならないと政治が国民に約束しているということです。もちろん、人権概念は、少しずつ世界に共通するものになりつつありますが、個々の国柄・文化で異なります。独裁国家や共産主義国家など、まだ、日本国憲法が通じない国はたくさんあるのです。

第2の抑圧主体は「われわれ市民自身」です。われわれの「権利」は、個々別々の「私権」です。私権が衝突すると、時に相手の権利との調停が必要になります。憲法以外の実定法、慣習、しきたり、礼節などの文化は、私権の衝突を調整するため、長い時間をかけてつくられてきたものです。

「公権力と人間の自由」の問題と「市民相互の私権の衝突」を一緒に論じることはできないのです。

このたび初めてサウジアラビアは、女性のスポーツ観戦を認め、自動車の運転も認めました。女性の自由を抑圧してきたのは、公権力であり、人権問題です。しかし、女性が車の運転を始めれば、どこかで事故も起こることでしょう。事故の被害についての当事者相互の権利の調整が必要になってきます。それは私権の調停問題です。

（4）基本的人権と私権

通常、憲法が保障している権利は「基本的人権」と呼ばれ、憲法以外の法律や慣習が規定している権利は私権です。後者は個々人の「主張の衝突」であり、文化的な儀礼の問題です。要求対象が異なるという点で、安全や自由の問題も、異なった様相を持ちます。この二つをごっちゃにして、最近は、個人の欲・得に基づく私権までを「人権」と呼ぶから、「人権問題」が紛糾するのです。宮崎氏は、国家が守るべき人間の権利に限って「人権」と呼ぶべきであると主張しています。問題を整理する上で、権利の関係者がハッキリするので、この区分けは有効です。

この区分けにしたがえば、生存権を脅かされる限界集落や子どもの貧困は、「国家対国民」の問題であり、「憲法問題」です。しかし、虐待、窃盗、殺人、セクハラなどは、「私権」に関わる「個人対個人」の問題であり、慣習や憲法以外の制定法の問題です。

最近は、子ども同士のいじめにまで人権の議論が出てきますが、公権力が直接的な加害者でない限り、いじめは人権問題ではありません。いじめは、いじめっ子によるいじめられる子どもに対する私権の侵害です。

宮崎氏によれば、人権問題の混乱と紛糾の原因は「人間が生まれながらに固有している権利」を「人権」と呼ぶからであると言います。宮崎氏は、このような発想には、人権を主張すべき「相手の名前が明記されていない」と言います（＊1）。なるほど、その通りです。

私権の相手は個人であり、私人ですが、基本的人権の相手は公権力です。この区別さえできれば、人権問題とは、公権力対個人の関係となります。すなわち、人権問題は、対国家、対地方自治体の局面においてのみ発生すると考えればいいのです。

国が守るべき「人権」は憲法で規定されています。憲法は、国の統治のあり方を定め、法律のあり方まで定めているので、通常、最高法規とも呼ばれます。「最高」ですから、どの法律よりも強い効力を持っています。「憲法は国を制約する法であり、国家の権力を制限し、国民の権利を保障する決まりです。国家が権力を振り回し、国民の自由を侵さないよう歯止めをかける機能がある」と言われます（＊2）。

私権と人権の整理がきちんとできていないから、人権による人権侵害が起こるのだという厳しい指摘もあります。「人権主体に対する人権の侵害は、ほとんどの場合、日本政府の政策と法の不十分さに起因するものばかりである。政策と法の不十分さを棚上げにして、国民の意識に責任転嫁する論理展開は、政治的意図をもってなされているのか、そうでなければ、人権問題に対する観念論と言うほかはなかろう」（＊3）。

個人相互の欲と損得がぶつかるのは、私権の衝突であり、私人の関係です。私権の衝突は、権利の問題であることに間違いありませんが、「調停問題」であって、「人権問題」ではありません。お互いの欲求・選択の衝突は、礼節や約束（契約）上の衝突です。だから、私権が衝突した時は、お互いが約束している取り決めで調整するしかありません。取り決めルールの代表が、刑法・民法その他の制定法です。それゆえ、私権を語ることは「お互い様」を語ることになります。

（＊1）宮崎哲弥編著、人権を疑え、洋泉社、2000年、p．65

（＊2）日本経済新聞、2016/5/3 3:30）

（＊3）村下博、人権による人権侵害、部落問題研究所、2001年、p．88

あとがき
事実と事実の解釈

心理学は、人間は事実に依拠して判断するのではなく、心理的事実によって判断するのだと言います。心理的事実とは、事実をどう受け止めるかということです。同じ出来事でも、受け止め方で評価が変わります。

若い頃、取り越し苦労で、物事を悲観的に受け止めがちであった筆者は、どうしたことか、歳をとってとても楽観的になりました。そのため、ここ20年ほど、あまり悩むことなく生きることができました。人生の喜怒哀楽は事実の解釈次第である、ということは間違いありませんね。

近年の報道を見ていて、人々が自意識過剰で、つくづく難しい時代になったと思います。日常の言葉一つでも、傷つく人がいれば、傷つけたことになります。言った方にその気はなくても、言われた方が傷ついたと言えば、傷つけたことになります。不注意では済まされない時代になったのです。これまで許してきたものも許せなくなり、我慢してきたことも我慢しなくなったのか、日本中が不寛容になったのでは、と斎藤美奈子氏が指摘しています（＊1）。毎日のようにテレビで誰かが頭を下げていますが、「謝り方」が下手で、「許し方」も下手になったと言われています。コミュニケーションのポイントは相手の「受け取り方次第」だからです。客観的に、人生の出来事は一つでも、事件に対する解釈は一つではありません。自分が苦しむのも、人を苦しめるのも、事実はもちろんですが、それ以上に、事実の受け止め方にあるからです。それゆえ、否定語、下ねた、ホメ言葉、口説き文句、叱り方などには重々気をつけねばなりませんね！

私たちは頭を柔軟にし、多様な視点を持てるように自己訓練が不可欠になりました。置かれた状況で、事実の解釈は異なるからです。一つ間違えば、うっかり発言が人を苦しめます。また、他者のうっかり発言に自分が苦しむことにもなります。そうした状況を悪用して、ＳＮＳなどで匿名の悪口を言いふらす人が増えました。フェイク・ニュースもその一例でしょう。「インスタ映え」

が流行って、「いいね」をもらいたがる傾向は、生きるには「他者の承認が必要」だと解っていても、寂しいですね。

エリック・メイゼルは、有害な批判に耐える第1のカギは「主体性」であると書いています（＊2）。自分の姿勢が確立していれば、他者の批判に余り苦しまずに済むというのです。当然、他者の承認に飢えなくても済む、ということでしょう。

不寛容の時代は、叱る時も、評価する時も、これを言っても「だいじょうぶか？」と一呼吸入れることが大事になります。特に、不満や不遇を口にする人にはやさしい配慮が必要です。満たされて生きている人とそうでない人では、同じ条件の中でも、物事の心理的な受け止め方は大いに異なるからです。

物事にこだわれば、広い視野、多様な視点に立つことは難しくなります。自分も相手も同じです。問題は事実ではなく、解釈次第だからです。人によって、「言っても大丈夫」と「言われても大丈夫」の条件が異なるのです。自分が思うように相手は思っていない、自分が感じるように相手は感じていないと悟るべきです。それゆえ、千田氏は、「友だちをつくるな」という逆説を説き、「人間関係で最大の無駄はみんなにすかれようとすること」（＊3）だと喝破しています。

携帯も持たず、SNSやFacebookにも関わらず、新しい友だちも最少限にしている筆者の老後は、正解だったのかもしれませんね。自分らしく生きるためとは言いながら、排除や差別を繰り返し、その自覚の薄い、辛い時代になりました。筆者には、到底真似のできることではありませんが、大分県国東半島の山奥で一人学問を続けた三浦梅園は次のように言っています。

「人生　恨むなかれ　人識《し》るなきを。
幽谷深山　華《はな》自から紅《くれない》なり。」

（＊1）斎藤美奈子、たまには時事ネタ、中央公論社、2007年、p.132
（＊2）エリック・メイゼル、勝野憲昭訳、傷つかない技術、創元社、2009年、p.210
（＊3）千田琢哉、友だちをつくるな、PHP、2015年、p.64

著者紹介

三浦清一郎（みうら・せいいちろう）

三浦清一郎事務所所長（生涯学習・社会システム研究者）

米国西ヴァージニア大学助教授、国立社会教育研修所、文部省を経て福岡教育大学教授、この間フルブライト交換教授としてシラキューズ大学、北カロライナ州立大学客員教授。

平成３年福原学園常務理事、九州共立大学・九州女子大学副学長。

その後、生涯学習・社会システム研究者として自治体・学校などの顧問を務めるかたわら月刊生涯学習通信「風の便り」編集長として教育・社会評論を展開している。最近の著書に『明日の学童保育』、『「心の危機」の処方箋』、『国際結婚の社会学』、『教育小咄～笑って許して～』、『詩歌自分史のすすめ』、『「消滅自治体」は都会の子が救う』、『隠居文化と戦え』、『戦う終活～短歌で啖呵～』、『子育て・孫育ての忘れ物』、『不登校を直す　ひきこもりを救う』、『老いてひとりを生き抜く！』、『「学びの縁」によるコミュニティの創造』（いずれも日本地域社会研究所刊）がある。

福岡県生涯学習推進会議座長、福岡県社会教育委員の会議座長、中国・四国・九州地区生涯学習実践研究交流会代表世話人などを歴任。

差別《さべつ》のない世《よ》の中《なか》へ

2018年8月8日　第1刷発行

著　者　三浦清一郎《みうらせいいちろう》
発行者　落合英秋
発行所　株式会社 日本地域社会研究所
〒167-0043　東京都杉並区上荻 1-25-1
TEL　(03)5397-1231(代表)
FAX　(03)5397-1237
メールアドレス　tps@n-chiken.com
ホームページ　http://www.n-chiken.com
郵便振替口座　00150-1-41143
印刷所　中央精版印刷株式会社

ISBN978-4-89022-224-7

日本地域社会研究所の好評図書

「消滅自治体」は都会の子が救う　地方創生の原理と方法

三浦清一郎著…もはや「待つ」時間は無い。地方創生の歯車を回したのは「消滅自治体」の公表である。日本国の均衡発展は、企業誘致でも補助金でもなく、「義務教育の地方分散化」の制度化こそが大事と説く話題の書！

46判116頁／1200円

歴史を刻む！街の写真館　山口典夫の人像歌

山口典夫著…大物政治家、芸術家から街の人まで…。肖像写真の第一人者、愛知県春日井市の写真家が撮り続けた作品の集大成。モノクロ写真の深みと迫力が歴史を物語る一冊。

A4判変型143頁／4800円

ピエロさんについていくと

金岡雅文／作・木村昭平／画…学校も先生も雪ぐみもきらいな少年が、まちをあるいているとピエロさんにあった。ついていくとふかいふかい森の中に。そこには大きなはこがあって、中にはいっぱいのきぐるみが…。

B5判32頁／1470円

新戦力！働こう年金族　シニアの元気がニッポンを支える

原忠男編著／中本繁実監修…長年培ってきた知識と経験を生かして、個ビジネス、アイデア・発明ビジネス、コミュニティ・ビジネス…で、世のため人のため自分のために、大いに働こう！第二の人生を謳歌する仲間からの体験記と応援メッセージ。

46判238頁／1700円

東日本大震災と子ども　〜3・11あの日から何が変わったか〜

宮田美恵子著…あの日、あの時、子どもたちが語った言葉、そこに込められた思いを忘れない。震災後の子どもを見守った筆者の記録をもとに、この先もやってくる震災に備え、考え、行動するための防災教育読本。

A5判81頁／926円

ニッポンのお・み・や・げ　魅力ある日本のおみやげコンテスト2005年―2015年受賞作総覧

観光庁監修／日本地域社会研究所編…東京オリンピックへむけて日本が誇る土産物文化の総まとめ。地域ブランドの振興と訪日観光の促進のために、全国各地から選ばれた、おもてなしの逸品188点を一挙公開！

A5判130頁／1880円

※表示価格はすべて本体価格です。別途、消費税が加算されます。